BIBLIOTHÈQUE INTERNATIONALE DE L'ENSEIGNEMENT SUPÉRI
PUBLIÉE SOUS LA DIRECTION DE M. FRANÇOIS PICAVET

L'UNIVERSITÉ DE PARIS

1224-1244

PAR

RENÉ DELÈGUE

LICENCIÉ ES-LETTRES, DIPLÔME D'ÉTUDES SUPÉRIEURES D'HISTOIRE ET DE GÉOGRAPHIE
ELÈVE DE L'ÉCOLE DES HAUTES-ÉTUDES

PARIS

LIBRAIRIE MARESCQ AINÉ
A. CHEVALIER-MARESCQ & Cie ÉDITEURS
20, RUE SOUFFLOT

1902

AVANT-PROPOS

M. Delègue, pourvu du diplôme d'histoire décerné par la Faculté des lettres de Paris, a voulu simplement, dans les pages qui vont suivre, reprendre, au point où nous l'avions laissé (1) l'exposé des principaux faits de l'histoire de l'Université de Paris au xiii⁰ siècle, et le continuer jusqu'au pontificat d'Innocent IV. L'utilité de ce travail résulte de l'emploi qu'a fait l'auteur des documents réunis dans le Cartulaire de MM. Denifle et Châtelain, et des livres récents qui pouvaient servir à éclairer l'histoire universitaire de cette période.

(1) Voir notre publication intitulée : *L'Université de Paris sous Philippe-Auguste.*

Achille Luchaire.

L'UNIVERSITÉ DE PARIS

1224-1244

BIBLIOTHÈQUE INTERNATIONALE DE L'ENSEIGNEMENT SUPÉRIEUR
PUBLIÉE SOUS LA DIRECTION DE M. François PICAVET

L'UNIVERSITÉ DE PARIS

1224-1244

PAR

RENÉ DELÈGUE
LICENCIÉ ÈS-LETTRES, DIPLOMÉ D'ÉTUDES SUPÉRIEURES D'HISTOIRE ET DE GÉOGRAPHIE
ÉLÈVE DE L'ÉCOLE DES HAUTES-ÉTUDES

PARIS

LIBRAIRIE MARESCQ AINÉ
A. CHEVALIER-MARESCQ & Cⁱᵉ ÉDITEURS
20, RUE SOUFFLOT

1902

L'UNIVERSITÉ DE PARIS
de 1224 à 1244

En 1224, l'Université de Paris n'en était plus à faire ses preuves : sa renommée était déjà aussi vieille que glorieuse. La capitale de l'Ile de France est alors, selon les paroles mêmes de Grégoire IX, la mère des sciences (*parens scientiarum*), une nouvelle Cariath Sepher, l'égale de Jérusalem (1). L'Université doit sa réputation aux professeurs qui enseignent dans ses diverses chaires. Parmi les plus illustres de la période qui nous occupe, nous pouvons citer Guillaume d'Auvergne, évêque de Paris à partir de 1228, habile dialecticien, auteur d'un grand nombre de traités dont le principal a pour titre *De Universo* ; le chancelier Philippe de Grève ; Guillaume d'Auxerre qu'une somme théologique rendit célèbre pendant tout le Moyen-Age ; Etienne de Provins à qui Michel Scot dédie sa traduction du *De cœlo et mundo* ; Jean de Saint-Gilles ; Arnoul, plus tard évêque d'Amiens ; Guerric de Saint-Quentin qu'Etienne de Bourbon appelle *magnus magister* ; Alexandre de Halès, surnommé par ses contemporains *doctor doctorum, doctor irrefragabilis* ; Jean de la Rochelle, que son traité sur l'âme, *De Anima*, a fait passer à la postérité ; enfin Guillaume de Saint-Amour, le futur adversaire des ordres mendiants, professeur à l'Université dès 1238 (2). L'enseignement de ces maîtres était universellement goûté en Europe, puisque des élèves de toute nationalité se pressaient au pied de leurs chaires et que personne ne croyait avoir fait des études complètes s'il n'était pas venu passer quelques années à Paris.

Voyons donc comment cet enseignement était donné.

(1) Denifle, *Cartularium Universitatis Parisiensis*, I, n⁰ˢ 79, 82, 70.
(2) Denifle, n⁰ 122.

PREMIÈRE PARTIE

Des quatre facultés dont se composait l'Université de Paris, — faculté des arts, de médecine, des décrets, de théologie, — celle-ci venait la première en importance. Elle doit « être considérée comme le cœur de l'Université, écrit Ch. Thurot » ; elle « concentre en elle toute la gloire intellectuelle de l'Université et même du Moyen-Âge (1) ». On y étudie le livre des Sentences, ainsi que l'Ancien et le Nouveau Testament. « Ce sont là, dit Robert Grosse-Tête, les pierres fondamentales de tout édifice, entre lesquelles il faut bien se garder d'en intercaler d'autres (*lapides non fundamentales*) dont la résistance moindre amènerait, après les lézardes, la prompte ruine de l'édifice (2) ». Ces *lapides non fundamentales* désignent les ouvrages d'Aristote sur la métaphysique et l'histoire naturelle, ouvrages interdits par deux fois à Paris en 1210 et en 1215, non seulement pour sauvegarder la foi, mais encore pour assurer la prépondérance à l'enseignement de la théologie. Cette dernière préoccupation fit qu'en 1219 Honorius III, par sa bulle *Super speculam* (3), défendit à Paris l'enseignement du droit civil que les étudiants, par esprit utilitaire, recherchaient de préférence à celui de la doctrine des Pères. De pareilles mesures assurèrent une facile prééminence à la théologie. Elles inspirèrent à Rutebœuf, dans son poème des Sept Arts, l'idée de représenter la lutte de la théologie « Madame la haute science » contre les autres arts qu'elle parve-

(1) Ch. Thurot. *De l'organisation de l'Enseignement dans l'Université de Paris au Moyen-Age*, 120.
(2) Denifle, n° 127.
(3) Denifle, n° 32.

nait à exclure de la capitale (1). Est-ce à dire toutefois que le droit et la philosophie se soient tenus pour battus ? C'est ce que nous allons examiner.

A. — L'Eglise et le Droit.

De 1224 à 1244, la bulle *Super speculam* conserva son plein effet ; Grégoire IX ne manifesta même pas le désir ou le projet de rétablir à Paris l'étude du droit civil. Dans sa bulle *Parens scientiarum* (2) il ne parle que des grades en théologie et en droit canon. Quand se fonde l'Université de Toulouse, il n'est point fait mention du droit civil. Par les clauses du traité de Paris (1229), Raymond VII s'engage à entretenir de ses deniers à la faculté quatre maîtres de théologie : deux de droit canon, six d'arts libéraux, deux de grammaire (3). Grégoire IX n'a rien exigé pour les professeurs de droit civil, probablement parce qu'il n'en voulait pas.

Est-ce à dire qu'il fut l'ennemi du droit civil ? Plus d'une fois il prouva le contraire. En 1227, il protégea efficacement l'Université de Bologne où l'on enseignait le droit civil ; choisi comme arbitre entre les Lombards et Frédéric II, qui avait interdit à ses sujets la fréquentation de cette université, il força celui-ci à revenir sur sa décision (4). En 1235, Grégoire IX, avec quelques restrictions, permet l'enseignement du droit dans l'école d'Orléans. Tous les étudiants, sauf les archidiacres, doyens, archiprêtres et autres ecclésiastiques ayant charge d'âmes, peuvent en profiter (5).

Si donc pour le droit civil, Grégoire IX a suivi avec discernement les décisions de son prédécesseur, il ne s'est point écarté non plus de la tradition de l'Eglise, en ce qui concerne le droit canon. A Paris, — comme partout ailleurs, — il en encourage l'étude. Pour la faciliter, il charge le dominicain Raimond de Pénafort, de faire une nouvelle édition des décrétales. Le travail achevé, il l'envoie

---

(1) Marcel Fournier. *L'Eglise et le Droit français au XIII⁰ siècle*, Nouvelle Revue hist. du droit français, 1890.

(2) Denifle, n⁰ 79.

(3) Marcel Fournier. *Statuts et privilèges des Universités de France*, 1, 505.

(4) G. Digard. *La papauté et l'étude du droit romain au XIII⁰ siècle*. Bibl. de l'Ecole des Chartes, 1890.

(5) Denifle, n⁰ 106.

aux maîtres et élèves de Paris avec une lettre à leur adresse (1). Après quelques mots sur la cupidité humaine, cette mère de procès *pacis emula, mater litium*, il explique la raison d'être de son édition. Il a voulu, en réunissant en un seul volume les décrets de ses prédécesseurs épars un peu partout, faire disparaître les répétitions et les contradictions, supprimer les inutilités, éclaircir les points obscurs ou douteux, afin de faciliter le travail des étudiants. Il décidait qu'à l'avenir l'usage de cette compilation serait obligatoire au tribunal comme à l'école. Cet ouvrage comprenait cinq parties, cent quatre-vingt cinq chapitres, mil huit cent soixante-onze articles : l'ordre adopté n'a point été changé depuis (2). La publication eut un grand retentissement dans le monde catholique, comme semblent l'indiquer les récits des chroniqueurs. Mathieu de Paris consigne le fait : « nous appelons, dit-il, cette compilation du nom de son auteur, *illas autem ab auctore ipsarum Gregorianas appellamus* ». Parmi les nouveautés qu'elle renferme, il signale celle-ci « les enfants illégitimes ne pourront obtenir de dignités ecclésiastiques (*prælatias*) ou de bénéfices sans une dispense de légitimation que Rome accordera », ce qui lui suggère cette réflexion à demi railleuse : (Gregorius) *sciens inde curiæ Romanæ pro impetratione tali multa emolumenta provenire* (3). Aubri des Trois Fontaines mentionne également l'apparition des décrétales : *allata est Parisius*. Il fait remarquer la division en cinq parties afin d'en faciliter l'intelligence, *compendii gratia et intelligentie facilioris* (4).

Favoriser l'étude du droit canon, ne rien faire pour encourager celle du droit civil, sans la combattre toutefois, c'était donc rester dans les traditions de l'Eglise. C'était même jusqu'à un certain point faire preuve d'esprit conciliant, esprit dont Roger Bacon ne saura pas faire montre quand il écrira dans son *Compendium*. « Parmi les causes qui détruisent la science, une des principales c'est le progrès du droit (civil)... il ruine à la fois l'Eglise de Dieu, les royaumes et la sagesse (5) ».

(1) Denifle, n° 104.
(2) Æm. Friedberg. *Corpus Juris Canonici, pars secunda, Decretalium collectiones : prolegomena.*
(3) Math. Paris. *Chron. Majora*, édit. Luard, III, 328.
(4) *Monumenta Germ. historica*, XXIII, 936.
(5) Cité par E. Charles *Roger Bacon*, 5.

B. — L'Université et la Philosophie.

Ce que Roger Bacon disait du droit civil, l'Eglise le pensait surtout de la philosophie : l'enseignement du droit ne pouvait que diminuer le nombre des étudiants en théologie, celui de la philosophie menaçait directement la foi. En 1210, en 1215, elle avait, nous l'avons vu, condamné la Métaphysique et l'Histoire naturelle d'Aristote. Elle leur reprochait, nous dit Roger Bacon, certaines doctrines sur l'éternité du monde et du temps, sur la divination, sur les songes, sur la création notamment. En 1224, les maitres de l'Université devaient donc se borner à commenter, d'après l'ordonnance de 1215, les deux livres de Priscien et les ouvrages de logique d'Aristote, que l'on divisait en logique ancienne et logique nouvelle.

Mais, comme le remarque le P. Mandonnet (1), la défense faite aux maîtres *legere publice vel secreto* signifie seulement qu'ils ne doivent pasenseigner les ouvrages d'Aristote et d'Averroès dansdes chaires publiques ou particulières. Aussi, sans désobéir au décret, peuvent-ils les étudier pour leur compte personnel : ce qu'ils ne manquent pas de faire. De là deux partis très nettement marqués se forment chez les maîtres, qui sont les uns partisans de la philosophie et de l'application de ses méthodes à la théologie, les autres adversaires résolus de cette science et de ses principes.

Les premiers n'osent d'abord manifester leur sympathie qu'avec beaucoup de réserve. Guil'aume d'Auxerre laisse entrevoir la sienne dans son commentaire sur les « Quatre livres des Sentences (2) ». Il se demande s'il convient de démontrer par des raisons humaines les vérités de la foi. Cela est convenable, même nécessaire, dit-il. Il ne cite pas Aristote, mais on voit qu'il est pénétré de sa Métaphysique comme de sa Logique (3). Vers l'année 1225, Philippe de Grève dans un sermon s'exprimait ainsi « Les torrents ont détruit presque

(1) Mandonnet : *Polémique Averroiste*. Revue thomiste, IV, 1896.

(2) Le livre des Sentences (*Liber Sententiarum*) est une somme théologique. Elle a pour auteur Pierre Lombard, évêque de Paris, mort en 1160. Ce livre eut une grande vogue à l'Université de Paris pendant le xiiie siècle. Roger Bacon, dans une lettre adressée au pape en 1267 (Denifle, n° 119), proteste contre l'importance que donnent à cet ouvrage, aux dépens de la Bible, les maîtres de Paris.

(3) Hauréau : *Hist. de la philosophie scolastique*, I, 2e partie, 112.

toute notre cité ; se déversant dans le grand fleuve de la doctrine, ils en ont troublé les ondes jusqu'alors pures et limpides. Or de même qu'il est sage de faire retraite, la vie sauve, devant l'armée de la mort, ainsi devons-nous aujourd'hui, — et c'est notre seule tactique, — céder au torrent (de la philosophie), et attendre qu'il soit passé. Le courant en est rapide et violent, mais il dure peu ». Il compose lui-même une somme « où, dit Hauréau, toutes les questions théologiques sont philosophiquement résolues, *non pas sans doute contre la doctrine des Pères*, mais suivant une méthode qu'ils n'ont pas l'habitude de pratiquer » (1). De même Guillaume d'Auvergne, sans accepter les conclusions de la philosophie, se montre partisan de ses méthodes. Dans tous ses traités il avertit que ses arguments ne reposent sur aucune révélation, mais sur des preuves rationnelles, *non cum eis agimus qui credunt testimoniis Scripturarum*. Il recommandait la curiosité comme une qualité maîtresse ; il raillait la manie des ignorants de crier toujours au miracle et d'expliquer tout par l'intervention divine (2). Bien qu'il eut un profond respect des Pères, il ne se défendait point de citer les philosophes anciens. Son traité de l'Âme contient des extraits du Phédon et du Timée, — seuls dialogues de Platon alors connus —, de la Métaphysique d'Aristote, des Traités de l'Ame, de la Physique, de l'Histoire des animaux, du Sommeil et de la Veille, de l'Ethique à Nicomaque. Tandis qu'il n'a qu'une confiance fort limitée dans le dire du péripatéticien, *quanquam in multis contradicendum sit Aristoteli, sicut revera dignum et justum est, et hoc in omnibus sermonibus quibus dicit contraria veritati*, il semble respecter Averroès qu'il appelle un très noble philosophe, *philosophus nobilissimus*. Il ne le regarde pas comme un ennemi dangereux (3). — Alexandre de Halès appartenait au même parti comme le prouve ce vers, choisi entre ceux qui furent gravés sur son tombeau :

Gloria doctorum, decus et flos philosophorum (4).

Sa somme, *Summa universe theologie*, est toute philosophique. Elle

(1) Hauréau déjà cité, I, II, 114.
(2) Noël Valois : *Guillaume d'Auvergne*, 233.
(3) Renan, *Averroes et l'Averroisme*, 85.
(4) *Histoire littéraire de la France*, XVIII. 316.

n'avait pas eu le don de plaire à R. Bacon. D'après lui c'est un fatras d'erreurs et de chimères ; elle est si lourde qu'un cheval en aurait sa charge, *quæ est plus quam pondus unius equi* (1). Jean de La Rochelle se montra fidèle disciple de son maître. Dans un sermon prononcé vers l'année 1240, il se permit de critiquer les décrets de 1210 et 1215 : « Il n'y avait pas de forgerons, dit-il, dans tout Israël ; les Philistins avaient interdit ce métier, craignant que les Hébreux fissent des glaives et des lances. Les forgerons ce sont nos maîtres de philosophie. Voyez les détirer ces raisons de doute inflexibles, indomptables qui façonnent les esprits en manière de glaives et frappent de loin avec leurs arguments comme avec des lances resplendissantes. C'est pourquoi Satan s'efforce d'anéantir l'étude de la philosophie ne voulant pas que les fidèles du Christ aient l'esprit aiguisé » (2)

Après les partisans de la méthode philosophique, voyons ses adversaires. Jacques de Vitri, dans un sermon populaire, accuse la physique d'Aristote d'avoir fait douter des mystères et particulièrement de celui qui domine et protège tous les autres, le mystère de l'Incarnation. « Dans les livres dits d'histoire naturelle, il faut se garder qu'une trop grande recherche ne nous fasse errer en matière de foi. La religion chrétienne renferme beaucoup de mystères qui dépassent et contrarient la nature. Nous savons que quelques esprits, par la lecture des livres d'histoire naturelle, ont été tellement corrompus et détournés de la simplicité de la foi chrétienne qu'ils ne pourraient rien croire qui ne fût prouvé par des raisons tirées de l'ordre naturel. Leur esprit est incapable d'admettre le fondement premier et simple de notre foi à savoir que le fils de Dieu a pu être fait chair, *unde et animum applicare non poterant ut crederent quod primum et simplex principium, sive Filius Dei, caro fieri potuisset* (3) ». L'assemblée générale des dominicains, tenue à Paris en 1228, se déclare nettement contre la philosophie, *in libris gentilium et philosophorum non studeant, etsi ad horam inspiciant* (4). Jean de Saint-Gilles s'élèvera contre ceux qui veulent appliquer à

(1) Hauréau, déjà cité, I, II, 134.
(2) Hauréau, déjà cité, I, II, 194.
(3) Hauréau, I, II, 107, note.
(4) Denifle, n° 57.

la théologie la méthode philosophique. « Quand ils abordent la théologie, ils ne peuvent se défaire de leur science ; c'est de toute évidence pour quelques-uns d'entre eux. En l'étudiant, il ne leur est pas possible de faire abstraction d'Aristote ; ils prennent le laiton pour l'or, *ponentes ibi auricalcum pro auro, scilicet philosophicas quæstiones et opiniones* ». Une autre fois il écrira : « Il y en a qui connaissent bien la langue spirituelle, je veux dire la théologie, et qui cependant la parlent avec force barbarismes. Ils la souillent par la philosophie. Celui qui a appris la métaphysique parle toujours de points et de lignes en théologie. C'est là revêtir un roi de vêtements sordides et lacérés, c'est jeter de la poussière contre la lumière pour l'obscurcir (1) ». Eude de Chartres, chancelier de Paris, après avoir cité le verset de Job « *Num quid ad preceptum meum elevabitur aquila* » le commente en ces termes dans un sermon : « Hélas oui ! les aigles de notre temps se sont élevés contre le précepte du Seigneur. Que faut-il entendre par ces aigles, sinon ces hommes de lettres qui, doués d'une intelligence vive et subtile, pénètrent jusqu'aux profondeurs du Tabernacle, je veux dire aux plus hautes régions du ciel. Ne sachant pas s'imposer la mesure de la prudence, ils en savent plus qu'il n'en faut savoir, et élevant leurs yeux vers les trésors de la sagesse, — qu'il ne leur est pas permis de posséder, — ils s'évanouissent dans leurs vaines pensées. Révoltés contre le précepte du Seigneur, ils franchissent les limites fixées ; s'élevant contre la science du Seigneur, ils s'efforcent d'apprécier, selon les raisons humaines et naturelles, ce qui dépasse l'intelligence de l'homme, et tandis qu'ils croient, montés vers le ciel, avoir appris les choses d'en haut, ils sont descendus jusqu'aux abîmes de l'erreur pour s'être écartés de la foi des humbles » (2).

De quel côté se rangeront les papes Honorius III et Grégoire IX ? Honorius III est, par principe, l'adversaire de la philosophie. En 1225 il rend une ordonnance contre le περὶ φύσεως de Jean Scot « En sa qualité, dit-il, de cultivateur du champ du Seigneur, il doit veiller à détruire l'ivraie encore verte de peur qu'elle ne nuise à la récolte ». Aussi prescrit-il la recherche du livre de Jean Scot

(1) Hauréau. *Notices et extraits de quelques manuscrits*, VII, 234, 251
(2) Hauréau, *Hist. de la phil. scolastique* I, II, 214.

(déjà condamné par un concile provincial), dans les couvents et autres lieux où pourraient se trouver des moines et des clercs trop à l'affût des nouveautés. Tous les détenteurs de l'ouvrage doivent, dans un délai de quinze jours, le remettre entre les mains de l'évêque de Paris. Passé ce terme ceux qui n'auront point obéi au décret seront excommuniés et considérés comme hérétiques. Pour qu'il n'y ait point de malentendu sur le livre condamné, Honorius prend soin de le décrire en indiquant les mots par lesquels débute et se termine chacun des cinq chapitres (1). Malgré sa défiance à l'égard de la philosophie, Honorius III cependant n'hésite pas à prendre sous sa protection celui qui a le plus contribué à répandre les livres d'Aristote, d'Avicenne, d'Averroès, le traducteur de l'Histoire des animaux, des Traités de l'Ame, du Ciel et du Monde, et des Commentaires d'Averroès sur ces deux traités : Michel Scot. Au nom de la science éminente de Scot, il demande à l'archevêque de Cantorbéry de lui accorder un bénéfice, *quod recipienti congruat et deceat providentem* (2).

Grégoire IX de même, forcé par les nécessités de la foi souvent en contradiction avec les doctrines d'Aristote, reste en principe hostile à la philosophie comme le prouve la bulle de 1228 aux maîtres de théologie de Paris. Il ne veut pas que la théologie soit asservie à la philosophie. Elle doit dominer toutes les autres sciences, exercer sur elles une domination analogue à celle de l'esprit sur le corps, *quasi spiritus in carnem dominium exercere*. Aussi le pape a-t-il appris avec une véritable douleur que quelques docteurs, poussés par la vanité, s'efforçaient de renverser les rôles, en donnant leur préférence à la philosophie, plus soucieux par là de se faire valoir que d'être utiles à leurs auditeurs : *ut sic videantur non theodocti, sed theologi set potius theophanti*. Il veut que l'on expose la théologie selon la tradition laissée par les saints. Asseoir la foi sur des raisons d'ordre naturel c'est la rendre inutile et vaine, puisqu'elle n'est plus méritoire dès qu'elle cherche des preuves dans la raison humaine, *quoniam fides non habet meritum cui humana ratio praebet experimentum*. Grégoire ordonne en terminant d'enseigner la théolo-

(1) Denifle, n° 50.
(2) Denifle, n° 48.

gie toute pure sans la corrompre de fictions philosophiques, *non adulterantes verbum Dei philosophorum figmentis* (1).

En 1231, en même temps qu'il renouvelle l'interdiction portée contre les livres d'histoire naturelle, il recommande encore aux maîtres et aux étudiants de ne point faire parade de philosophie, de s'efforcer de devenir savants en la science de Dieu, de se borner dans les écoles à étudier les questions que peuvent résoudre les livres de théologie et les traités des Pères (2).

Cependant, autant par esprit de conciliation que par conviction intime de l'utilité de la philosophie comme discipline intellectuelle, Grégoire IX chercha à mettre d'accord la foi et la philosophie. Un des premiers actes de son pontificat fut de manifester sa sympathie à Michel Scot. De nouveau il réclame un bénéfice en sa faveur, tout en justifiant sa demande d'une manière plus explicite que n'avait fait Honorius III.

Ses bonnes dispositions s'affirment dans le courant du mois d'avril 1231. Le 20 il mande à l'abbé de Saint-Victor et au prieur des frères Prêcheurs de Paris d'absoudre les maîtres et étudiants coupables de n'avoir pas observé l'interdiction portée contre les livres d'histoire naturelle (3). Le 23 il chargeait les maîtres de l'Université, Guillaume d'Auxerre, Simon d'Authie, Etienne de Provins d'examiner les livres d'histoire naturelle et d'en supprimer tout ce qui serait contraire à la foi (4). C'était chercher la conciliation ; on a (5) eu tort cependant de voir dans cet acte une levée pure et simple des interdictions portées en 1210 et 1215. Les lettres pontificales du 23 avril confiaient seulement au discernement des maîtres précités le soin d'examiner les livres d'histoire naturelle afin d'y retrancher toutes les erreurs ou causes de scandale pour le lecteur qu'ils pourraient y trouver, *quæ ibi erronea seu scandali vel offendiculi legentibus inveneritis illatia penitus resecetis.* Ces ouvrages ainsi expurgés pourraient être mis sans danger entre les mains des étudiants. Mais comme ce travail de révision ne fut jamais exécuté

(1) Denifle, n° 59.
(2) Denifle, n° 79.
(3) Denifle, n° 86.
(4) Denifle, n° 87.
(5) Mandonnet : *Siger de Brabant*, 35.

« soit qu'il eût été difficile de faire accepter à des esprits, dont la curiosité scientifique était terriblement éveillée, un texte mutilé, soit que la rigueur et l'enchaînement des idées aient rendu cette opération impossible (1) », le philosophe grec resta sous le coup de la prohibition.

Néanmoins, après 1231, Aristote se trouvait dans une toute autre situation (2). Le pape avait reconnu le profit qu'on pouvait en tirer pour les études et laissé entendre qu'il y avait lieu de tenter quelque chose. C'était assez pour qu'Aristote fît lui-même son chemin. Il est si vrai que l'on entendit ou interpréta ainsi les actes de Grégoire IX que Roger Bacon, qui vivait dans le milieu parisien, ne semble pas soupçonner le maintien de la condamnation. Il constate que l'année 1230 marque pour la philosophie d'Aristote « les débuts de sa fortune chez les Latins » (3).

La papauté, tout en combattant en principe l'étude de la philosophie, lui a donc donné le crédit nécessaire pour la faire fructifier et prospérer. Les mystiques ont beau signaler les périls de la foi, les évêques protester et dire : « quand ces études n'auraient pas d'autre inconvénient que de rendre notre gouvernement plus difficile, il ne faut pas les encourager (4) », l'élan est donné : il ne fera, avec les années, qu'acquérir de nouvelles forces dans le sein de l'Université.

(1) Mandonnet : *Polémique Averroiste.* Revue thomiste, IV, 1896.
(2) Mandonnet. *Siger de Brabant,* 38.
(3) Mandonnet, *idem, loc. cit.*
(4) Hauréau : I, II, 215.

DEUXIÈME PARTIE

L'UNIVERSITÉ DÉFEND LA FOI ET LA DISCIPLINE DE L'ÉGLISE

Si à l'égard de la philosophie les membres de l'Université de
Paris ne partageaient point la même manière de voir, il n'en était
point ainsi en matière de foi et de discipline. La crainte de voir
surgir de nouvelles hérésies, analogues à celle d'Amauri de Bène,
les rendait hostiles à toute nouveauté qui tendait tant soit peu à
s'écarter de l'orthodoxie et de la tradition romaines. Les faits vont
nous en fournir la preuve.

A. — L'Université et la Foi.

De 1224 à 1244, l'Université ne permit pas que l'on enseignât ou
que l'on écrivît rien de contraire à la foi. En 1228, elle fait jeter en
prison un cordelier qui prêchait publiquement quelques hérésies à
Paris (1). Plus tard c'est le maître Raimond que Guillaume d'Auvergne désigne à ses foudres (2). Vers 1240 l'évêque profite d'une
réunion des maîtres de l'Université pour exiger la rétractation d'un
franciscain nommé Guillaume, coupable d'avoir avancé dans son
couvent des maximes erronées sur la grâce (3). En 1241 l'Université
est obligée de sévir contre les écrits du frère Etienne (4). Elle y
releva dix propositions hérétiques. En voici quelques-unes : « l'es-

(1) Le Nain de Tillemont. *Vie de Saint Louis*, 1, 484-85.
(2) Noël Valois, déjà cité, 25.
(3) Noël Valois, 26.
(4) Ce nom d'*Etienne* n'est cité que dans un seul manuscrit (ms. Paris,
15360), mais il n'est pas fait mention de l'ordre auquel appartient le religieux.
On suppose qu'il doit s'agir du frère Etienne de *Varnesia* des frères Prêcheurs ;
voir Denifle, n° 128, note 1.

sence divine en soi ne peut être vue ni par l'homme ni par l'ange ; — le Saint-Esprit, en tant qu'amour et lien, ne procède que du Père ; — les âmes glorifiées ne résident point dans le ciel empirée avec les anges, pas plus que les corps glorifiés ne s'y trouveront un jour ; elles habitent un ciel aqueux et cristallin au-dessus du firmament où se tient probablement la Sainte Vierge ; — le mauvais ange fut mauvais dès sa création et resta toujours tel ; — un ange peut être, s'il le veut, partout en même temps ; — beaucoup de vérités existent de toute éternité sans être Dieu ; — le mieux doué par la nature possèdera nécessairement plus de grâce et de gloire ; — ni le mauvais ange ni Adam n'ont connu l'état d'innocence (1) ». — Ces maximes suggèrent à Mathieu de Paris une remarque très juste sur le goût qu'avaient alors les maîtres de théologie, particulièrement ceux de l'ordre des frères Prêcheurs ou Mineurs, pour la discussion subtile et ambitieuse à l'excès, *disserere subtilius et celsius.* « Avec une présomption sans pareille, ajoute-t-il, ils ne craignent point de toucher les montagnes, de scruter les secrets de Dieu, de pénétrer ses jugements qui sont autant d'abîmes. Ils font fausse route et errent loin des sentiers battus. C'est la vengeance de Dieu qui préfère la simplicité d'une foi solide à la subtilité d'une orgueilleuse théologie, *Deo vindice, cui plus placet firme fidei sobria simplicitas quam nimis transcendens in theologia subtilitas* (2). Donc l'Université de Paris, réunie en corps le 13 janvier 1241, sous la présidence de Guillaume d'Auvergne, donna lecture des dix propositions hérétiques ainsi que des réfutations qu'elle opposait à chacune d'elles ; puis elle exigea une rétractation publique de celui qui les avait émises.

Pendant la période qui nous occupe, l'Université eut à défendre la foi non seulement contre des tendances hérétiques, mais encore contre les doctrines juives que Donin, juif de la Rochelle, converti et baptisé sous le nom de Nicolás, venait de faire connaître (3). En 1238 il adressait à Grégoire IX un exposé des hérésies du Talmud,

---

(1) Denifle, n° 128.
(2) Mathieu de Paris. *Chron. majora,* 280-81.
(3) Pour le récit des faits nous avons puisé : au livre de N. Valois déjà cité, 118 et seq ; à l'article d'Isidore Loeb. *Revue des études juives* (1880) ; au volume de Berger, *Blanche de Castille*, 340 et seq.

suivi de trente cinq articles, extraits du livre sacré. En voici quelques-uns qui serviront à l'intelligence du récit (1).

Art. 12. — On peut, sans péché, tromper un chrétien par tous les moyens.

Art. 13. — Celui qui a déclaré, au commencement de l'année, que tous ses vœux et tous ses serments seraient nuls, peut se parjurer impunément.

Art. 26 et 27. — Négation de la divinité de Jésus-Christ.

Art. 32. — Celui qui a étudié le Talmud est sûr de faire son salut.

Si la colère des Juifs fut grande de se voir ainsi trahis par un de leurs anciens coréligionnaires — à en juger par les termes les plus convenables dont ils le traitèrent (âne. escarbot. nouvel Aman), — la surprise de Grégoire ne fut pas moindre devant cette révélation. Dans son indécision il demanda conseil à Guillaume d'Auvergne qui fut d'avis de frapper un grand coup. Il attendit jusqu'au 9 juin 1239 pour adresser des bulles aux évêques de France, d'Angleterre, de Castille, de Léon, aux rois de France, d'Angleterre, d'Aragon, de Castille, à l'évêque et aux prieurs des frères Prêcheurs et Mineurs de Paris. Il leur prescrivait de saisir les exemplaires du Talmud et d'ouvrir une enquête à leur sujet. En France, seul pays semble-t-il qui ait donné suite à la bulle du pape (2), l'Université de Paris fut chargée de cet office.

Elle fut convoquée, le 24 juin 1240, à la cour de Saint Louis. Devant cette assemblée solennelle, grossie des clercs et des évêques des diocèses voisins, présidée par la reine Blanche de Castille, les quatre rabbins les plus célèbres de l'époque, Yéhiel de Paris, Judas, fils de David, Samuel, fils de Salomon, Moïse de Couci, fils de Jacob, furent invités à défendre le Talmud contre les attaques de Nicolas de La Rochelle. Celui-ci entama la discussion avec Yéhiel de Paris et se fit fort de prouver la divinité de Jésus-Christ en dépit des hérésies du Talmud. Le rabbin ne manqua pas de grandeur d'âme dans la défense de sa foi. « Sachez, dit-il à la reine, que nous sommes prêts à subir la mort pour le Talmud ; car celui qui l'attaque nous

(1) Noël Valois, 121.
(2) Isidore Loeb : déjà cité.

blesse à la pupille de l'œil. Nos corps sont en votre puissance, mais non nos âmes ». Blanche fit preuve d'une réelle impartialité. A l'apostrophe de Yéhiel. « Ce n'est pas vous qui pourrez nous défendre contre le peuple en fureur », elle répondit que son intention était de protéger les Juifs et leurs biens et de punir, comme un crime capital, toute attaque dont ils seraient l'objet. Comme Yéhiel refusait, à grand renfort de citations bibliques, de prêter le serment que lui demandait l'assemblée, la reine intervint en sa faveur: « Puisque cela lui est si pénible et qu'il n'a jamais juré, laissez-le. » A la fin Blanche, fatiguée d'une discussion qui durait depuis long-temps en pure perte, s'adressa aux champions du christianisme : « Pourquoi vous efforcez-vous de rendre fétide votre bonne odeur ? Ce Juif, par égard pour vous, en arrive à soutenir que ses ancêtres n'ont pas insulté votre Dieu et vous tâchez de lui faire proférer des blasphèmes. N'avez-vous pas honte de telles manœuvres ? » La discussion reprit le lendemain avec R. Judas, fils de David, sans plus de succès d'ailleurs.

Alors Saint Louis désigna lui-même l'archevêque de Sens, l'évêque de Senlis, le chancelier de Paris Eude de Châteauroux (1), le frère prêcheur Geoffroi de Blèves et Guillaume d'Auvergne pour examiner et juger le Talmud. Ils acquirent bientôt la certitude que le livre des Juifs n'était qu'un tissu d'erreurs. Ils le comparaient à un voile épais posé sur le cœur de ces malheureux, voile qui leur cachait le sens spirituel et jusqu'au sens littéral de la Sainte Ecriture. Sur leur rapport, l'Université condamna le Talmud au feu. L'exécution eut lieu à Paris (en juin 1242 ?) en présence du prévôt, des maîtres, des étudiants, du clergé et du peuple. Les rabbins de France instituèrent un jour de jeûne en souvenir de cet irréparable désastre (2)

Il est probable cependant que l'exécution ne fut ni complète ni générale, puisque le 9 mai 1244 Innocent IV adressa une bulle au roi de France pour l'engager à faire brûler tous les livres juifs qui se trouvaient encore dans son royaume. Après de rapides considérations sur la perfidie impie des Juifs, leur mépris pour la foi chré-

(1) Il y joua un rôle très actif ; c'est lui qui a composé les *Excerpta Talmudica* conservés à la Bibl. Nationale.
(2) Le vendredi de la semaine de Péricope.

tienne, — la foi de Moïse et des prophètes, — sur les hérésies, les blasphèmes, les fables obscures, les erreurs, les sottises sans pareille que renferme le Talmud, il conseillait au roi de mettre ses sujets à l'abri de la colère divine qu'ils encourraient certainement s'ils permettaient plus longtemps de tels outrages à la foi. Déjà le chancelier de Paris et les maîtres de l'Université ont fait brûler le Talmud et quelques autres livres Juifs. C'est bien, mais ce n'est pas assez. Il faut étendre cette opération à tout le royaume (1). De nouvelles perquisitions furent donc opérées. Saint Louis ordonna de « bouter hors du royaume » les Israélites qui s'obstineraient à garder chez eux de méchants livres (2).

Ces discordes (3), entre l'Eglise et la Synagogue, impressionnèrent les esprits. Elles inspirèrent les poètes et donnèrent lieu à des *desputoisons* en vers (4).

Sainte Yglise est vermeille et Sinagogue brune

La courtoisie manque souvent dans cette *desputoison de la sinagogue et de sainte église*. La Synagogue appelle l'Eglise « garce et chetive folle » et l'Eglise traite la Synagogue de « vieille ribaude ». Dans le « Débat entre un Juif et un Chrétien » sans s'y avouer vaincu, le Juif reconnaît la supériorité de la loi chrétienne et demande le baptème :

> Nos somes deceu par trop fole atendance ;
> Fole atente nos a empechiez, deceuz ;
> Celui atendions qui pieca est venuz,
> Messias est venus ; je me vos baptizier,
> Et ma mauvaise secte guerpir et renvier.

B. — L'Université et la discipline.

L'Université de Paris montra le même zèle pour défendre la discipline que la foi. En 1235 son chef, Guillaume d'Auvergne, la convoqua pour trancher la question de la pluralité des bénéfices.

---

(1) Denifle, n° 131.
(2) Noël Valois : 132.
(3) Elles éclatèrent de nouveau en 1248.
(4) *Histoire littéraire de la France*, XXIII, 216-17.

L'évêque était l'ennemi déclaré du cumul ecclésiastique. Il prêchait d'exemple et de parole.

Jadis il avait recueilli la succession d'un chanoine mort *ab intestat* dont il supposait l'argent mal acquis. Le même jour, il fit distribuer aux pauvres les trois mille marcs, montant de la fortune du défunt. Auparavant il avait refusé d'accepter une seconde prébende qu'un de ses amis venait lui offrir : « Non, avait-il répondu ; l'évêque vous a chargé de confier ce canonicat à une personne sage et vertueuse : cessez de me l'offrir. Vous outrepasseriez vos pouvoirs (1) ». Sur la pluralité des bénéfices, il composa un traité spécial intitulé « *De collatione beneficiorum* » dont la conclusion est un violent réquisitoire contre le cumul. « Le même clerc, dit-il, ne peut chanter les louanges du Seigneur à Paris, à Tours et à Chartres. Qu'est-ce donc que conférer à un ecclésiastique des fonctions incompatibles, sinon violer les engagements pris envers les fondateurs des prébendes, frustrer Dieu du culte qui lui est dû ? » Et il poursuit les clercs cupides des sobriquets les plus injurieux : « cuisiniers, celleriers, ânes toujours attachés à un râtelier bien garni ».

Donc dans le courant de l'année 1235, il convoqua les maîtres de l'Université à une assemblée générale pour leur soumettre la question de la pluralité des bénéfices. Il attaqua, avec toute la chaleur dont il était capable, les cumulateurs et rallia sans peine à son avis la presque totalité des maîtres. Deux seulement osèrent lui résister : le maître Arnoul et le chancelier Philippe de Grève (2). Cette résistance fit naître une légende. On raconte que Philippe de Grève, sur le point de mourir, fut sommé par l'évêque de se rétracter pour échapper au feu infernal. Il refusa, prétextant qu'il voulait voir s'il serait damné comme simoniaque. Une fois mort, il apparut à l'évêque en prière et lui dit qu'il était condamné aux peines éternelles pour trois motifs : parce qu'il n'avait rien distribué aux pauvres des revenus de ses bénéfices; parce que pendant longtemps il avait vécu en impudique au milieu des plaisirs de la chair ; parce qu'enfin il avait combattu avec trop d'ardeur la décision des théologiens contre le cumul des bénéfices (3). C'est en souvenir de cette légende

(1) Noël Valois, 131 et seq.
(2) Denifle, n° 108.
(3) Du Boulay, *Historia universitatis Parisiensis*, III, 164. Il faut faire remar-

que l'on grava sur sa tombe ces vers, véritable censure de sa cupidité (1) :

> Sensus, divitie viventi quid valuere ?
> Si caream requie, nihil possunt illa valere,
> Me modo 'erra tegit ; teget et te ; te precor, ora
> Ut mihi sit requies, sit et hec tibi mortis in hora,
> Qui me novisti, nunc hic scis membra recondi,
> Dicere cuique potes : sic transit gloria mundi.

En 1238, Guillaume soumit de nouveau la question à l'assemblée des professeurs de l'Université. Elle fut tranchée dans le même sens. Voici le procès-verbal de cette séance. « Je veux que tout lecteur de cet acte sache que moi, en l'an 1238 de l'Incarnation de Notre-Seigneur, je fus à Paris à l'époque où le vénérable Guillaume, évêque, ancien professeur de théologie, a convoqué une assemblée générale de l'Université dans le chapitre des Frères prêcheurs. La question de la pluralité des bénéfices ayant été soulevée, une longue et habile discussion a établi que la possession de deux bénéfices, dont l'un rapporte plus de quinze livres parisis, ne peut être compatible avec le salut de l'âme. Telle fut la décision du dit évêque ». Suit l'énumération des professeurs les plus en vue qui y souscrivirent (2).

Vers le même temps, la question du cumul fut soulevée et résolue en sens contraire par le concile de Londres. Suivant Mathieu de Paris, l'évêque Gautier de Cantlowe fit demander au pape par le légat que les membres du clergé, possesseurs de plusieurs bénéfices, n'en fussent point dépossédés, *nam durum esset nimis tales, suis beneficiis spoliatos, in ignominiosam tradi paupertatem*. Le pape lui répondit que, s'il ne pouvait sans scandale dépouiller les clercs possesseurs de plusieurs bénéfices, il n'avait qu'à laisser subsister l'ancien ordre de choses (3). On peut juger ainsi de la sévérité des professeurs de Paris, en matière de morale ecclésiastique.

---

quer cependant que Grégoire IX ne s'éleva pas contre le cumul des bénéfices pratiqué par Philippe de Grève, puisqu'en 1239 (Denifle, n°s 98, 103), il autorisait le chancelier à faire visiter son archidiaconat par des Dominicains ou des Mineurs. Il mandait même à l'évêque et aux abbés du diocèse de Noyon de ne pas y faire opposition.

(1) Du Boulay, III, 166.
(2) Denifle, n° 108.
(3) Du Boulay, III, 166.

TROISIÈME PARTIE

L'UNIVERSITÉ ET LES ORDRES RELIGIEUX

Pendant les vingt années qui nous occupent, les divers ordres religieux (Dominicains, frères Mineurs, Mathurins, etc.), qui sont vénus se fixer dans la capitale, se développent et acquièrent sans cesse de l'importance au point que quelques-uns d'entre eux forcent les portes de l'Université. Ils vécurent avec les maîtres dans les meilleurs termes. Philippe de Grève, il est vrai, chercha bien, vers 1224, à inquiéter les ordres religieux qui avaient ouvert des écoles publiques (1). Mais il ne persévéra pas dans cette voie quand il vit la faveur dont ils jouissaient à Rome près du pape, à Paris près de l'évêque et du roi. Nous n'en voulons pour preuve que ce passage d'une lettre de Jourdain : « L'évêque de Paris dans son zèle pour les frères a prêché lui-même et a mangé avec eux au réfectoire. Le légat de France, le jour de l'Annonciation, s'est de même assis à leur table, et la reine, dans sa bienveillance à leur égard, s'est familièrement entretenue avec moi de leurs affaires (2) ».

A. — L'Université et les Frères prêcheurs.

Une division semble s'imposer : quels ont été les rapports de l'Université et des Frères prêcheurs avant 1220, c'est-à-dire avant l'introduction de l'ordre dans l'association des maîtres et des étudiants de Paris ? Qu'ont-ils été après 1229, les Dominicains une fois membres du corps universitaire ?

(1) *Histoire littéraire de la France*, XVIII, 186.
(2) Denifle, n° 52.

Jusqu'en 1229, les relations semblent avoir été des plus cordiales. C'est de l'Université que les religieux de Saint-Dominique tenaient leur couvent Saint-Jacques (1). Jourdain de Saxe fut nommé général de l'Ordre le 23 mai 1223 ; ce religieux au zèle infatigable, à la parole si persuasive, si entraînante qu'on disait de lui « n'allez pas aux sermons du frère Jourdain, c'est une courtisane qui prend les hommes (2) », ce religieux, dis-je, ne cessa de recruter de nouveaux frères parmi les membres de l'Université comme le prouve sa correspondance avec Diane de Bologne, sa sœur spirituelle. Dans une lettre datée de la fin de l'année 1223, il lui mande de prier pour les écoliers de Paris afin que Dieu ouvre leur cœur et les dispose à la conversion (3). En avril 1224, nous apprenons que les prières de Diane ont été exaucées. De Noël à Pâques, l'ordre s'est accru de quarante novices, pour la plupart anciens maîtres ; les autres ont une instruction suffisante, *redde Deo gratias*, ajoute-t-il, *pro receptis et ora Deum pro recipiendis ut in eis velle et proficere per suam gratiam operetur* (4). En mars 1226, Jourdain annonce « à sa sœur » de nouvelles recrues levées parmi les étudiants de Paris. « Je ne veux point que vous ignoriez la grâce que Dieu accorde à notre ordre non plus que la façon dont nos frères augmentent en nombre et en mérites. Depuis mon retour à Paris, vingt-et-un frères, dont six maîtres ès-arts, en moins de quatre semaines, sont venus se joindre à nous (5) ».

Dans ces conditions, il semble donc que l'Université ne pouvait être qu'en excellents termes avec les Frères prêcheurs. Aussi voit-elle sans inquiétude le nombre de leurs membres s'accroître ainsi que leurs propriétés s'agrandir peu à peu. En 1224, Louis VIII confirme au couvent la cession du « Parloir aux Bourgeois », faite auparavant par la ville de Paris. En 1226, les Dominicains achètent au chapitre de Saint-Lazare une terre située en dehors des murs, terre « qui en ligne droite partant de la maison du doyen de Saint-Quentin va jusqu'à la tournelle du roi. La maison du doyen, con-

---

(1) Elle leur avait abandonné cet édifice lors de leur arrivée à Paris en 1217.
(2) Hauréau, t. II, 217.
(3) Denifle, n° 47.
(4) Denifle, n° 49.
(5) Denifle, n° 52.

tenue tout entière dans cette terre, la délimitera ». Le prix de la
cession est de vingt livres Parisis (1).

L'Université laisse de même l'ordre se réformer et se donner une
constitution qui lui permettra de réaliser d'une façon plus parfaite
sa mission première : prêcher et enseigner. En mai 1228, Jourdain
fait adopter par le chapitre général une constitution qui assurera
à l'ordre des maîtres aptes au professorat. La voici : les prieurs
provinciaux devront, s'ils ont des religieux capables d'enseigner à bref délai, les envoyer dans un centre d'études. Les couvents, auxquels ces religieux auront été confiés, ne les emploieront
pas à des occupations étrangères ni ne les congédieront avant qu'ils
n'aient été rappelés. Ces étudiants seront surveillés de fort près ;
un frère leur sera spécialement affecté, sans la permission de qui ils
ne pourront ni rédiger de cahiers ni écouter des leçons. Il corri-
gera en eux tout ce qui sera digne de l'être. Défense est faite de
lire les livres des philosophes et des gentils. Les jeunes comme les
autres se borneront à la théologie. Les frères n'étudieront que
l'histoire sainte et les sentences dans le texte et dans les gloses.
Ils seront dispensés par l'évêque de tout ce qui les détournerait de
leurs occupations studieuses. Dans une salle spéciale, après les discussions, après les vêpres ou à toute autre heure de la journée, ils
se réuniront pour exposer leurs doutes ou demander des éclaircis-
sements Quand l'un d'entre eux parlera, les autres se tairont. Qui
n'a pas étudié la théologie pendant quatre ans au moins ne pourra
obtenir une chaire publique (2).

Au début de l'année 1229, les Dominicains par leur situation
matérielle, par leur nombre, par leurs règlements, par leur science
étaient donc préparés à jouer un rôle important dans les événements qui vont se dérouler.

En février 1229, comme nous le verrons plus loin (3), des troubles éclatèrent dans l'Université, les cours furent suspendus, professeurs et élèves abandonnèrent Paris. C'est alors que Guillaume
d'Auvergne fit appel aux Dominicains pour remplacer les maîtres

(1) Denifle, n° 51.
(2) Denifle n° 57.
(3) Voir pages 36 et seq.

absents. A ce propos on a dit (1) qu'il avait agi contre son droit et que par suite les Frères prêcheurs n'avaient pas acquis légitimement leur chaire. Mais, comme on l'a fait remarquer, l'Université, en 1229 (2), n'avait pas d'autonomie en matière d'enseignement. Elle n'avait pas le droit d'ériger par elle-même des chaires, ni celui d'y appeler aucun professeur. Ce droit relevait exclusivement de l'autorité épiscopale, exception faite pour l'intervention du pape : car l'Université n'était que le développement des Ecoles de Notre-Dame c'est-à-dire des écoles épiscopales de Paris. Par suite les maîtres n'étaient pas chez eux, mais chez l'évêque, puisque celui-ci seul pouvait les admettre à enseigner dans le territoire de sa juridiction et de son école. Donc les Dominicains ont été légitimement appelés à enseigner dans l'Université. Guillaume de Saint-Amour le reconnaît lui-même, puisque dans le factum (3) retentissant qu'il publ' le 4 février 1254, factum qu'Humbert de Romans qualifie de *litteras mire magnitudinis, falsitatis et infamie* et Thomas de Cantimpré (4) de *litteras infamatorias, plenas mendaciis*, il avoue que les Dominicains ont occupé leur première chaire sur l'invitation de l'évêque et du chancelier (5). Et ce choix était d'autant plus heureux que Guillaume était assuré de trouver chez eux l'ordre et la science garantis par leurs règlements. Le premier titulaire de cette chaire fut, non Jean de Saint-Gilles, mais Roland de Crémone ainsi qu'en fait foi le texte de Bernard Gui : *frater Rollandus, Lombardus Cremonensis, qui fuit primus licentiatus Parisius de ordine prædicatorum ; Frater Johannes de Sancto Egidio Anglicus, qui intravit ordinum predicatorum, magister existens. Sub eo incepit prefatus frater Rollandus.* Conformément aux usages scolaires, Roland

(1) M. Perrod dans son livre sur *Guillaume de Saint-Amour*, réfuté par le P. Mandonnet : *Incorporation des Dominicains dans l'Université de Paris*, Revue thomiste, 1896, IV.

(2) Mandonnet. *Incorp. des Dominicains.*

(3) Le titre de cette diatribe est le suivant : *Tractatus brevis de periculis novissimorum temporum.*

(4) Il est juste de faire remarquer qu'Humbert de Romans et Thomas de Cantimpré sont des Dominicains c'est-à-dire des ennemis de G. de Saint-Amour. Il faut donc un peu se défier du jugement qu'ils portent sur le traité de l'universitaire.

(5) Mandonnet : *De l'Incorp. des D. dans l'Univ. de Paris*

dut faire l'ouverture de son cours sous un maître titulaire, qui fut Jean de Saint-Gilles (1).

Ce ne fut qu'en 1231, après le retour des maîtres à Paris, que les Dominicains entrèrent en possession de leur seconde chaire. Jean de Saint Gilles fut la cause occasionnelle de cet événement. Il prêchait aux clercs, raconte Echard, dans le couvent des Frères prêcheurs, sur la pauvreté volontaire. Pour fortifier ses paroles d'un exemple, il descendit de chaire, prit l'habit de Saint-Dominique et revint achever son discours. Ce fait valut aux frères deux écoles dans l'intérieur de leur couvent : Jean de Saint-Gilles, sur les instances de ses auditeurs, continua ses cours une fois entré dans l'ordre.

Les professeurs de Paris virent sans protester cette introduction des Dominicains dans l'Université. On a soutenu (2) que le chancelier de Paris s'était opposé à la fondation de la deuxième chaire, d'après un passage du factum de Saint-Amour où il est dit que les Dominicains obtinrent cette chaire, *præter voluntatem cancellarii.* D'après le père Mandonnet ce mot *præter* ne signifierait point « contre la volonté, malgré la volonté » mais simplement « en dehors de ». La distinction est peut-être un peu subtile. Si on l'admet cependant, il faut remarquer que le texte indique simplement que la deuxième chaire a été établie en dehors de l'intervention de Philippe, sur l'autorisation directe de l'évêque. Quant à expliquer cette non-intervention, on ne peut le faire qu'à l'aide d'hypothèses plus ou moins vraisemblables qui ne sont pas de l'histoire, puisque les textes manquent pour justifier l'une plutôt que l'autre.

Toujours est-il que les professeurs ne protestèrent pas. A leur retour ils avaient bien rédigé un décret portant qu' « à l'avenir aucun couvent de réguliers ne pourrait avoir en même temps deux chaires publiques de théologie (3) ». mais ce décret resta lettre morte pour les Dominicains.

D'ailleurs, Jourdain, en habile diplomate, cherchait par tous les moyens à se faire bien venir de l'Université. Il institua vers 1230-31 des conférences en faveur des étudiants. Comme l'heure des ser-

(1) Il n'avait point quitté Paris.
(2) M. Perrod, réfuté par Mandonnet, art. déjà cité.
(3) Bernard. *Les Dominicains dans l'Université de Paris,* 481.

mons, faits par les maîtres de théologie, professeurs à l'Université,
était fort matinale, — ce qui empêchait les jeunes gens occupés
d'études d'y assister, — il obtint que l'on fît à vêpres une instruction religieuse aux écoliers. En voici le règlement d'après Echard
« quand un maître de théologie, appartenant à un ordre mendiant,
donne le matin le sermon de l'Université dans son couvent, le soir
il est tenu de faire la conférence. Quand un prélat ou un maître en
théologie donne un jour de fête le sermon de l'Université, dans un
couvent des Mendiants ou ailleurs, celui qui fait la conférence après
souper doit prendre le sujet qui a été traité par le prélat ou par le
maître en théologie dans son sermon. Quand il arrive une fête, où
les théologiens ne font pas leçon, bien qu'il y en ait aux autres
facultés, il y a sermon le matin et conférence le soir aux Cordeliers
et aux Jacobins » (1).

Une autre cause de la bonne entente de l'Université avec les Frères prêcheurs, après comme avant 1229, fut que ceux-ci restèrent
toujours d'accord avec elle sur les questions de doctrine et de discipline. Les Dominicains comme les maîtres s'élevèrent par deux fois
contre le cumul ecclésiastique. Ils prirent part à la condamnation du
Talmud. En 1241 le chapitre général, tenu à Paris, adhéra à la
sentence portée par les maîtres de l'Université contre les dix maximes extraites du livre du frère Etienne : *errores condempnatos per
magistros Parisienses fratres omnes abradrant de quaternis* (2).

Et la preuve de ces bonnes relations nous la trouvons non seulement dans la non-existence d'un document quelconque qui témoi-
gnerait d'une mésintelligence survenue entre 1229-1241, mais encore
dans ce fait que l'Université va tenir des assemblées solennelles
dans le couvent Saint-Jacques. C'est en effet dans la salle du chapitre des Frères prêcheurs que furent tenues les séances où l'on exa-
mine la question du cumul ecclésiastique (3). Aussi le couvent, que
n'inquiétaient pas les professeurs de l'Université, put continuer à
se développer. Ses écoles sont fort suivies ; elles attirent un si grand
nombre d'élèves que le chapitre général de 1234 est obligé de limi-
ter à trois le nombre des frères envoyés à Paris pour étudier (4). Et

(1) Bernard, déjà cité, 455-56.
(2) Denifle, n° 130.
(3) Denifle, n° 108.
(4) Denifle, n° 102.

encore ne veut-on que des élèves de choix : *item studentes mittantur Parisius a priore provinciali de consilio diffinitorum capituli provincialis* (1). Il faut travailler beaucoup. Afin que les élèves soient distraits le moins possible de leurs sérieuses occupations, le chapitre général de 1240 (2) décide qu'ils ne sont tenus à assister, les jours fériés, qu'aux Complies, les jours de fête, qu'à neuf des lectures (3), à moins d'une permission spéciale. Défense de les employer au service de l'infirmerie. Le couvent d'autre part ne cesse pas d'acquérir de nouvelles propriétés. En 1240 Robert de Saint-Quentin lui cède une maison qu'il tenait du doyen Jean de Saint-Quentin. En 1241 cette dotation lui est confirmée par le chapitre de Saint-Quentin (4).

B. — L'Université et les autres ordres religieux.

De 1224 à 1244, l'Université vit avec les autres ordres religieux comme elle a vécu avec les Frères prêcheurs c'est à-dire en bonne intelligence. Exception faite d'un procès qu'elle eut en 1233 avec les religieux de Saint-Thomas du Louvre (5), procès dont les pièces ne nous sont pas parvenues, elle n'eut maille à partir avec aucun d'eux. Elle s'entendit si bien avec les Mathurins qu'à dater de 1231, elle se réunit presque constamment chez eux (6). D'ailleurs son propre intérêt lui dictait cette ligne de conduite. Elle savait les ordres religieux sous la protection directe de l'évêque et du pape. Ceux-ci ne manquaient point de leur donner des preuves de sympathie. En juillet 1229. Grégoire prend sous sa protection les propriétés de l'ordre du Val des Ecoliers (7). Au mois de mars de la même année, Guillaume d'Auvergne donnait aux frères de la Sainte-Trinité l'hôpital de Saint Mathieu à Paris avec la chapelle (8). Dans le courant de 1229 il accorde aux frères du Val des Ecoliers la liberté

(1) Denifle, n° 124.
(2) Denifle, n° 121.
(3) *Lectiones : excerpta ex S. S, Patribus quæ in singulis horis, tam nocturnis quam diurnis, dicuntur : ita vero appellantur quia non cantantur ut Psalmus et Hymnus, sed leguntur tantum* (Du Cange).
(4) Denifle, n°⁵ 125, 129.
(5) Denifle, n° 190.
(6) Denifle, n° 63, note.
(7) Denifle, n° 65.
(8) Denifle, n° 63.

pleine et entière d'élever dans·la paroisse de Saint-Paul un couvent
et une église. Mais, pour ne point faire tort aux exercices paroïs-
siaux, il prescrit l'observance d'un certain nombre de règles : fer-
mer les portes pendant la célébration de la messe, ne pas adminis-
trer les sacrements sauf à l'article de la mort, ne pas avoir de tronc,
ne pas prêcher dans leur église, etc (1). En 1236 Grégoire IX mande
à l'évêque de Senlis d'amener l'abbé et le chapitre de Saint-Germain
des Prés à vendre, en faveur des Mineurs, quelques unes de leurs
terres en deçà et au delà des murs afin d'élever un couvent. Il
écrit en même temps à l'abbé de Saint-Germain de se prêter à la
décision que prendra l'évêque de Senlis à ce sujet (2).

De plus si l'Université a vécu en bonne intelligence avec les
ordres religieux, c'est parce que ceux-ci se sont développés, pendant
cette période, sans porter atteinte à ses privilèges. Ils se contentent
d'augmenter leurs biens fonciers. En 1227 c'est le couvent des
Cisterciens de Clairvaux qui obtient du couvent de Saint-Germain
une maison à Paris ; en 1230 les frères de Sainte-Catherine du
Val des Ecoliers acquièrent d'un bourgeois de Paris Girard et de
sa femme Jacqueline l'habitation et l'enclos de murs de Sainte-
Catherine (3).

Puis c'est le tour des frères Mineurs. Arrivés à Paris en 1219-
1220, ils élurent d'abord domicile à Saint-Denis. Ils firent cons-
truire au Vauvert une maison haute et spacieuse ; mais quelques-uns
d'entre eux, qui l'avaient trouvée trop luxueuse et contraire au vœu
de pauvreté, l'abandonnèrent et la firent démolir. Ils se transpor-
tèrent alors, en 1230, au couvent de Saint-Germain qui leur donna,
en qualité d'hôtes, sous des conditions déterminées, une portion de
terrain avec habitation. En 1240 Robert, économe des frères
Mineurs, faisait connaître que le couvent de Saint-Germain des
Prés avait permis la vente du terrain nécessaire pour la construc-
tion d'un monastère. C'est alors que vont être jetés les premiers
fondements du grand couvent des Cordeliers (4).

Les ordres, qui obtiennent la licence d'enseigner, respectent le

(1) Denifle, n° 68.
(2) Denifle, n°° 109, 110.
(3) Denifle, n°° 53, 77.
(4) Denifle, n° 76 note, n° 126.

décret rendu en 1231 par les maîtres. Ils n'ont qu'une chaire publique, donc il n'y a pas matière à conflit entre eux et les professeurs. On ne sait pas exactement à quelle époque les Mineurs furent en possession de leur première chaire, mais ce ne fut certainement pas avant 1231 (1). Car Alexandre de Halès, d'après le témoignage de Roger Bacon, entra dans l'ordre après le retour des maîtres et des étudiants et c'est à la suite de la réception de ce dernier que les Mineurs obtinrent une chaire dans l'Université. Ce fut leur premier docteur comme en font foi les vers gravés sur le tombeau de Halès :

Scriptor clerorum, frater collega minorum
Factus egenorum, sed doctor primus eorum (2).

En 1237, les moines de Saint-Victor demandèrent au pape un maître de théologie pour leur couvent, sous prétexte qu'ils devaient fréquemment prêcher dans les églises paroissiales, dépendantes de leur monastère, qu'ils avaient souvent les étudiants de Paris pour pénitents et que l'habitude de l'ordre était d'employer les heures de loisir à l'étude de la théologie. Le pape fit droit à leur requête en leur permettant de posséder dans leur couvent un maître, qui professât en même temps à la faculté de théologie, *qui in theologica doceat facultate* (3). Il est possible enfin, qu'entre 1231 et 1244, les Mathurins aient obtenu une chaire dans l'Université. D'après Denifle, ils y enseignèrent bien avant 1234 mais certainement après 1231 (4).

(1) Denifle, n° 70, note.
(2) *Hist. littéraire de la France*, XVIII, 316.
(3) Denifle, n° 111.
(4) Denifle, n° 63, note.

QUATRIÈME PARTIE

En 1224 l'Université de Paris possédait un certain nombre de privilèges qui lui avaient été successivement octroyés au hasard des circonstances (1). Dès 1198 le pape Célestin III décidait que tous les clercs auraient droit à la juridiction ecclésiastique. La charte de 1200, tout en mettant les étudiants à l'abri des violences de la police, leur accordait en même temps une juridiction privilégiée. En 1212 et 1215 les maîtres et les écoliers obtenaient des garanties contre leur chef direct, le chancelier de Notre-Dame. L'Université se montrait à la fois fière et jalouse de ses privilèges ; si elle avait lutté pour les acquérir, elle était prête à lutter encore pour les défendre et les faire respecter. Les événements qui se déroulent de 1224 à 1244 le prouvent surabondamment.

A. — L'Université et le légat.

Dès 1225 l'Université eut maille à partir avec le légat, Romain de Saint-Ange. Jusqu'alors elle n'avait point eu de sceau particulier. C'était le chancelier de Paris qui, au nom de l'évêque, apposait le sceau du chapitre aux actes dont elle avait besoin, particulièrement aux lettres de licence. Soit que l'évêque eut ordonné de payer quelque chose pour le sceau, soit à cause des fréquents malentendus de l'Université avec le chancelier, la corporation voulut en 1225 avoir un sceau particulier (2). Un différend éclata alors

(1) Luchaire. *L'Université de Paris sous Philippe-Auguste.*
(2) Le Nain de Tillemont, I, 373.

entre elle et le chapitre, différend que celui-ci soumit au légat dès son arrivée à Paris. Voici comment la chronique de Tours (1) raconte ce qui se passa. Mis au courant de la querelle, Romain de Saint-Ange réunit en hâte un conseil où il brisa le sceau de l'Université (2). A cette nouvelle, une immense clameur s'éleva dans l'air et l'agitation se répandit dans la ville. Les écoliers se rassemblent et se dirigent sur la maison du légat avec des épées et des bâtons comme s'il s'agissait d'un voleur. Au bruit de leur approche, les domestiques du légat barrent les portes, saisissent des armes pour défendre leur maître contre les étudiants en fureur. On se battit à coups de pierre. Enfin, après plusieurs assauts, les portes allaient céder, le légat et ses hommes se voyaient pris, quand le roi Louis, apprenant à son retour de Melun, la triste situation de Romain, envoya la police à son secours. Celle-ci, par des menaces, arrêta les écoliers et sauva le légat et ses gens sans effusion de sang. Après cet événement, Romain sortit de la ville sous escorte, non sans avoir excommunié en masse les fauteurs de l'émeute. Un peu plus tard quatre-vingt six maîtres allèrent demander l'absolution au légat pendant le concile de Bourges, tenu le jour de la Saint-André. Elle leur fut accordée sans peine (3) Nous verrons plus loin le rôle joué par le légat dans les troubles de 1229 (4).

B. — Rapports de l'Université avec l'évêque et le chancelier.

De 1224 à 1244 les conflits entre l'Université d'une part, l'évêque et le chancelier d'autre part, eurent pour cause la double question de la liberté d'enseignement et de la licence. La première, la liberté d'enseignement, c'est-à-dire le pouvoir de professer partout une fois la licence obtenue, met en conflit dès 1227 les maîtres et le chancelier. Tandis que celui-ci laissait les maîtres-ès-arts libres d'enseigner en tous lieux à Paris, il astreignait par le serment les profes-

(1) *Historiens de la France*, XVIII, 309.
(2) D'après Aubri des Trois Fontaines (*Monum. germ. hist.*, XXIII, 917) et Philippe Mousket (édit. Reiffenberg, II, v. 25 351 et 25 380), c'est un privilège que le légat aurait déchiré et non pas le sceau de l'Université qu'il aurait brisé — Il a du faire l'un et l'autre.
(3) Le Nain de Tillemont, I, 373.
(4) Voir page 30.

seurs de théologie et de décrets à n'exercer que dans l'Ile, *inter-
duos pontes*. L'abbé de Sainte-Genevièvre fut le premier à se plaindre
au pape de cette exigence (1). Grégoire IX lui donna raison. En
même temps, il chargea le prieur de Saint-Jean des Vignes et Rodolphe de Coudun de régler le différend entre le chancelier et le couvent
de Sainte-Geneviève. Il a écrit, dit-il, à Philippe de Grève pour
lui ordonner, si le prieur de Sainte-Geneviève n'a pas menti, de laisser les maîtres en théologie et en décrets professer aussi librement
que les maîtres ès-arts. Il charge les précités d'entendre les deux
parties et de faire observer la décision du pape par la censure ecclésiastique s'il y a lieu (2). La seule raison valable que le chancelier
put donner en sa faveur fut la surveillance qu'il avait à exercer,
de concert avec l'évêque, sur l'enseignement de la théologie et du
droit. Mais aucun décret ne donnait à ce contrôle arbitraire une
apparence de légalité. Philippe de Grève dut donc s'incliner. En
1234 le pape alla plus loin. Sans vouloir toutefois obliger l'évêque
à recevoir des étrangers non diplômés, il autorisa les licenciés de
Toulouse à enseigner dans tous les pays, même à Paris, sans subir
de nouveaux examens. Pour tranquilliser Guillaume, il recommanda
d'examiner à Paris les candidats avec le plus grand soin (3).

La question de la licence est plus ancienne. Dès 1213 (4) les maîtres et les écoliers avaient obtenu du pape des garanties que le
chancelier était tenu d'observer en accordant la licence. Outre qu'il
lui était défendu d'exiger des candidats de l'argent et un serment, il
ne pouvait, tout en conférant ce grade de sa propre autorité, le refu-
ser au postulant que la majorité des professeurs déclarait digne de
l'obtenir. Robert de Courçon confirma en 1215 ce règlement qui sub-
sista tel quel jusqu'en 1231. Mais il s'en faut bien qu'il ait été rigou-
reusement observé pendant ce laps de temps. Les plaintes, qu'en
1228 les maîtres et les étudiants adressent au pape, en fournissent
la preuve. Ils le supplient de faire respecter la composition passée
entre l'Université, l'évêque et le chancelier *super danda licentia*. Et
le pape charge l'archevêque de Reims, l'évêque de Senlis, le doyen

(1) Denifle, n° 55.
(2) Denifle, n° 56.
(3) Denifle, n° 101.
(4) Denifle, introduction, I, p. XIII; Luchaire, déjà cité.

de Saint-Quentin de faire observer, même par la censure ecclésiastique, les garanties accordées jadis aux maîtres et étudiants contre le chancelier (1). Les délégués du pape transmettent en août 1228 aux maîtres Ardenge, Jacob de Dinant, Jean de Caen la décision du pape et les prient, après une enquête minutieuse, de les renseigner au vrai afin qu'ils puissent faire respecter les règlements (2).

Pour diminuer les causes de conflit, Grégoire IX, dans sa bulle de réformation, cherche à préciser le rôle que jouera le chancelier quand il concédera la licence. Le chancelier, à son entrée en charge, devra jurer, en présence de l'évêque ou du chapitre et de deux professeurs représentant l'Université, qu'en toute conscience il n'accordera la licence qu'à ceux qui en seront dignes, sans considération de personne ni de nationalité. Trois mois avant de conférer le grade, il s'informera auprès de tous les maîtres de théologie et de tous les gens honnêtes et instruits, capables de le renseigner sur les mœurs, le savoir, la facilité d'élocution du candidat. Selon les résultats de cette enquête, il accordera ou refusera la licence au postulant. Défense est faite d'exiger des maîtres un serment d'obéissance, et de demander aux candidats des émoluments. A leur entrée en charge, les maîtres de théologie et de décrets devront jurer que, sur les points précédemment énoncés, ils apporteront un fidèle témoignage, *quod super premissis fidele testimonium perhibebunt* (3). Ce règlement ne fut guère mieux observé que les précédents, puisqu'en 1237 l'Université se plaint au pape qu'il vient d'être violé par l'évêque Guillaume. Celui-ci profitant de la vacance de la chancellerie (4), sans faire d'enquête préalable, a de sa propre autorité, malgré les remontrances des maîtres, conféré la licence à quelques jeunes gens. L'official a lancé l'excommunication contre les protestataires. Grégoire IX chargea Pierre de Meaux et Arnoul d'Amiens de faire une enquête et d'exiger, après l'établissement des torts, le respect de leur décision (5). Il est probable qu'ils donnèrent raison à l'Université puisque, le 7 septembre de la même année, Grégoire IX adressa aux maîtres

(1) Denifle, n° 58.
(2) Denifle, n° 61.
(3) Denifle, n° 70.
(4) Philippe de Grève était mort le 23 décembre 1236 ; son successeur ne fut élu que dans le courant de mai 1237.
(5) Denifle, n° 115.

et aux étudiants de Paris une bulle où il renouvelle, dans les mêmes termes qu'en 1231, les conditions dans lesquelles la licence doit être délivrée. Et il ajoute « comme il est inutile de promulguer des décrets, quand on ne les respecte pas d'une manière absolue, nous défendons à l'évêque de Paris, quel qu'il soit, ou à toute autre personne, de rien entreprendre de contraire aux règlements sur la licence ; ou bien qu'il sache que l'indignation du Dieu tout puissant comme celle des apôtres Saint Pierre et Saint Paul retomberont sur lui (1) ».

En 1238 nouveau différend. Cette fois c'est Guillaume d'Auvergne qui en appelle au pape. Il se plaint de l'indiscipline des maîtres et des étudiants. Ceux-ci, forts d'une indulgence qu'ils disent avoir obtenue du Saint-Siège, chassent de leur société tous ceux qu'ils croient aller à l'encontre de ses règlements. Sans consulter celui qui mérite de l'être sur des questions de droit, il ont cherché par des décrets à affaiblir sa juridiction. Quelques maîtres et écoliers, tiennent des réunions extraordinaires qui troublent les études de ceux qui travaillent. Ils soustraient à la juridiction de l'official beaucoup de causes qui en relèvent. En tant qu'évêque n'a-t-il pas le droit, le chancelier absent, de conférer la licence à quiconque en est digne ? Et cependant les maîtres et les écoliers refusent de reconnaître ces licenciés ; ils les excluent de leur société ainsi que les professeurs sous le patronage de qui ces licenciés ont pris leur grade. A l'abri de cette indulgence, ils se montrent importuns et insolents (2) Malgré tous ses efforts, le pape n'était donc point arrivé, non pas à supprimer, mais à diminuer même les sujets de conflit que suscitait la question de la licence. Sans se décourager cependant, toujours avec le même esprit de conciliation, il chargea l'abbé de Saint-Victor de régler, s'il le pouvait, la question à l'amiable (*de plano absque judiciorum strepitu*). Sinon l'abbé lui fera parvenir, sous le sceau de sa signature, les dépositions qu'il aura recueillies de la bouche des deux parties (3).

(1) Denifle, n° 117.
(2) Denifle, n° 121.
(3) Denifle, *idem*.

C. — Rapports de l'Université et du Roi.

L'Université exigeait le respect de ses privilèges aussi bien de la part du légat, de l'évêque ou du chancelier que de celle du roi et de la régente, comme le prouvent les faits que nous allons exposer.

Le 26 février 1229 (1) (*feria tertia ante Cineres*) quelques étudiants flamands et picards profitèrent du beau soleil qu'il faisait ce jour là pour aller prendre leurs ébats à Saint-Marcel. Après avoir joué, ils furent boire. Quand il fallut payer, une discussion s'éleva avec l'aubergiste. On en vint aux coups. Des hommes du bourg accoururent au secours du cabaretier qu'ils délivrèrent des mains des clercs, après avoir blessé quelques-uns d'entre eux Le lendemain 27, les étudiants, armés d'épées et de bâtons, revinrent en nombre à Saint-Marcel. Après avoir saccagé la maison de l'aubergiste, ils se répandirent dans le bourg, bousculant tout sur leur passage : hommes, femmes, enfants qu'il rouaient de coups et laissaient pour morts.

Devant pareils procédés, le prieur de Saint-Marcel courut porter plainte au légat et à l'évêque. A la requête de Romain de Saint-Ange et de Guillaume, Blanche « avec la légerté féminine » (2) prescrivit au lieutenant de police de courir sus aux fauteurs du trouble et de n'épargner personne. La consigne ne fut que trop bien exécutée. Aux portes de la ville se trouvaient de nombreux étudiants qui jouaient entre eux, mais qui n'avaient pas pris part aux violences commises Ce furent eux qui payèrent pour les coupables A en croire Mathieu de Paris, la police, bien qu'elle les ait vus sans armes, les aurait dispersés après avoir tué les uns, blessé les autres. Ceux-là seuls échappèrent qui se cachèrent dans les vignes et dans les carrières. Peut-être le tableau est-il poussé quelque peu au noir. Les chroniqueurs français insistent moins que le moine anglais sur les violences commises par la police. D'autre part le pape, dans les lettres adressées à l'évêque de Paris, au roi, à la régente à propos des troubles, demande simplement justice des vexations subies par les étudiants, *damnis et injuriis* (3). Il y eut cependant quelques victimes (4).

(1) Mat. de Paris, III, 141 et seq.
(2) Ainsi s'exprime Mathieu de Paris.
(3) Denifle, n°84.
(4) Jean de Garlande (*Hist. lit.* XXII, 91) dit: « *Sanguine* Parisius studium dissolvitur ». — « *Ocirent* li bourgeois aucuns des clercs » rapporte simplement Guillaume de Nangis (*Hist. de France*, XX, 319).

Quand ils apprirent une pareille violation de leurs privilèges, les maîtres de l'Université, après suspension de leurs cours, se présentèrent devant la régente et le légat pour demander réparation. Ils s'indignaient qu'une faute commise par quelques clercs, *quorumdam contemptibilium clericulorum transgressio*, pût nuire à toute l'Université. Ils réclamaient le châtiment immédiat de l'officier de police qui avait violé leurs privilèges. Ce qu'en l'an 1200 Philippe-Auguste n'avait point hésité à faire un seul instant, la régente le refusa nettement en 1229. L'Université maintint la suspension des cours. Blanche persista dans son refus : d'où mécontentement général. On s'élevait (1) avec véhémence contre la conduite de l'évêque que l'on rendait responsable de l'obstination de la reine. On prétendait qu'il avait fomenté cette dispute pour se débarrasser de l'Université, qu'il avait tout mis en œuvre pour faire échouer les négociations ou rompre la paix déjà conclue. Ne devait-il pas s'interposer entre la reine et les maîtres ? On ne lui pardonnait pas son indifférence.

Enfin le 27 mars 1229, les maîtres prirent une résolution énergique. Ils décidèrent d'un commun accord que si trente jours après Pâques (2), satisfaction n'était pas donnée à l'Université la corporation quitterait Paris pour six ans. Pendant ce laps de temps, tout enseignement public ou privé devait être suspendu dans la capitale (3).

La reine ne se laissa pas intimider. Au terme fixé, les maîtres et les étudiants mirent leur menace à exécution. Ils quittèrent Paris dans la deuxième quinzaine d'avril. Ils se répandirent un peu partout, allant porter l'appoint de leur présence aux Universités qui existaient déjà ou bien à celles qui se fondaient. Les uns se rendirent à Reims, fort célèbre pour les lettres et la philosophie, les autres à Angers, le principal centre d'émigration d'après Mathieu de Paris ; ceux-ci à Orléans, ceux-là à Toulouse dont la lettre circulaire, pleine d'une exubérance toute méridionale, séduisit plusieurs d'entre eux. Elle leur promettait monts et merveilles : indulgence plénière, liberté de travail et d'enseignement, bon accueil de la part du peuple, et surtout, — argument toujours de première importance par un étudiant, — la vie à bon marché.

(1) Noël Valois, 51.
(2) Pâques tombait cette année là le 15 avril.
(3) Denifle, n° 62.

> Pro parvo vinum, pro parvo panis habetur,
> Pro parvo carnes, pro parvo piscis emetur.

A Toulouse règne la paix, *hic est pax, alibi toto Mars sevit in orbe*, à Toulouse le vin coule avec abondance, à Toulouse la blonde Cérès couvre la terre de ses présents, à Toulouse l'air est pur, fait pour l'étude de la philosophie (1). Quelques étudiants se retirèrent en Italie : ceux-ci à Rome auprès du pape, ceux-là à Bologne, quelques autres se réfugièrent en Espagne. Enfin beaucoup passèrent le détroit, sur l'invitation même d'Henri III « Compatissant aux maux et aux tribulations, qu'une loi inique leur faisait endurer à Paris, il mettait à la disposition de ceux qui voulaient venir étudier en Angleterre des villes, des bourgs ou des propriétés dont ils pourraient jouir en toute liberté » (2). Plusieurs étudiants allèrent ainsi se fixer à Oxford. Parmi les maîtres d'origine anglaise qui quittèrent Paris, le chroniqueur anglais cite Alain de Beccles, Nicolas de Farnham, Jean Blonde, Rodolphe de Maidstone, Guillaume de Durham. Quelques maîtres et écoliers cependant restèrent à Paris, *paucis remanentibus in civitate*, dit Aubri ; de ce nombre fut Jean de Saint-Gilles, puisqu'il présida la leçon d'ouverture (3) de Roland de Crémone. Mathieu de Paris exagère donc encore quand il dit que pas un maître célèbre ne resta à Paris, *quod nec unus famosus ex omnibus in civitate remanserit.*

Cette dispersion impressiona tristement l'Europe. Jean de Garlande, dans son poème, dit par allusion à cet événement :

> . . . . orbe
> In toto sentit prelia sacra Syon (4)

Aubri des Trois Fontaines le laisse pressentir à travers le récit qu'il en donne ; il parle sévèrement du légat et de l'évêque. Mathieu de Paris constate avec tristesse, qu'après la dispersion, la ville resta privée de ce qui avait fait sa gloire, *et remansit orbata suo clero civitas quæ solet in illo gloriari.* C'est ainsi, ajoute-t-il, que les clercs, comme

(1) Denifle, n° 72.
(2) Denifle, n° 64.
(3) Voir page 24.
(4) *Histoire littéraire*, XXII, 91.

des enfants de leur nourrice, s'éloignèrent de la mère de la philosophie, *sic ergo a nutrice philosophie et alumna sapientie civitate Pari-
siaca recedentes clerici*. Tout le monde s'affligea de cette dispersion,
sauf Philippe de Grève qui exerça sa verve moqueuse aux dépens
des maîtres. « Les prédicateurs sont des coqs, dit-il dans un sermon, qui annoncent la parole de Dieu. Il est surprenant qu'il y
ait ici tant de chrétiens endormis dans leurs péchés, car aucune
ferme de campagne ne possède autant de coqs qu'il y a de prédicateurs et de docteurs dans la cité de Paris. Mais cela vient peut-
être de ce que nos coqs, au lieu d'éveiller les dormeurs, sont deve-
nus des coqs batailleurs. Qu'est-ce en effet que cette querelle de
docteurs, sinon un combat de coqs? Ils se dressent l'un contre l'autre, se déchirent la crête, et, tout ensanglantés, se dévorent les
entrailles (1) ».

Le légat et l'évêque, loin de chercher à apaiser la querelle, exci-
tèrent au contraire à la haine contre les clercs, *qui tenebantur eam
extinguere et reprimere*, dit Aubri des Trois Fontaines, *ferventius illam
instigatione sua in odium clericorum incitaverunt* (2). Ils répondirent à
la dispersion de l'Université par l'excommunication des maîtres et
des écoliers. Ils frappèrent tous ceux qui par serment s'étaient enga-
gés à ne revenir à Paris qu'une fois réparation faite. Le concile provincial de Sens (3) décida que les maîtres et étudiants, retirés à
Angers pour observer le serment, seraient privés du revenu de leurs
bénéfices pendant deux ans. Quant à ceux qui n'en avaient pas, ils
seraient déclarés indignes d'en posséder jamais, s'ils ne rentraient
avant le délai prescrit (4).

Bien que la rigoureuse sentence du concile de Sens pût se justifier par des raisons politiques (se réfugier dans la ville d'Angers,
alors entre les mains de Pierre Mauclerc, c'était de la part des étudiants faire cause commune avec le comte de Bretagne et l'Angle-
te rre) (5), de pareilles mesures n'étaient point faites pour rendre
sympathiques leurs auteurs. Aussi les clercs se vengèrent-ils du

(1) Cité par Noël Valois : Bibl. Nat. ms. latin, 12416, f° 520.
(2) *Monumenta Germ. historica*, XXIII, 923.
(3) Il ne fut pas tenu avant le mois de juin 1229.
(4) Du Boulay, III, 136.
(5) Berger, *Blanche de Castille*, 135-36.

légat et de la reine en répandant contre eux des insinuations mal-
veillantes « dont on ne peut matériellement démontrer la fausseté,
mais qui n'ont aucune vraisemblance (1). » Mathieu de Paris nous
a conservé l'un de ces épigrammes que la morale nous fait un
devoir de ne pas traduire :

> Heu morimur strati, vincti, mersi, spoliati.
> Mentula legati nos facit ista pati.

L'Université ne se contenta pas de se défendre avec des épigrammes, elle fit appel au pape des sentences portées contre elle. Vers
1230 elle dépêcha à Rome deux de ses maîtres, Godefroi de Poi-
tiers et Guillaume d'Auxerre pour demander l'appui de Grégoire contre la régente et le roi (2). Le pape, comme nous allons le voir,
n'avait pas attendu cette délégation pour intervenir.

Auparavant cependant, la régente avait tenté une réconciliation.
Au mois d'août 1229 (3) elle faisait paraître un édit qui confirmait
les privilèges accordés en l'an 1200 par Philippe-Auguste. A quelques
expressions près, le texte des deux chartes est le même. L'édit assu-
rait à l'Université une juridiction spéciale et lui garantissait aide
et protection contre les violences du peuple et de la police. Les Parisiens, dans une assemblée populaire présidée par la reine, durent
jurer de respecter et de faire observer cette charte (4).

Blanche ne réussit pas cependant à fléchir l'obstination des maîtres et des étudiants.

Le pape se mit à agir de son côté. Dans son zèle pour l'Université,
est-il vrai qu'il sévit contre le cardinal légat Romain de Saint-Ange ?
Le Nain de Tillemont (5) rapporte l'opinion de Du Boulay (6) quand
il dit que le cardinal fut rappelé à Rome en 1229 à cause de sa con-

(1) Berger 135. Cette légende a joui d'ailleurs d'un certain crédit au XIIIe
siècle, puisque le Ménestrel de Reims nous montre la reine accusée d'être
enceinte par le fait du cardinal Romain et se faisant voir en « pure chemise »
à ses prélats et barons pour confondre les calomniateurs.
(2) Du Boulay. III, 139.
(3) Denifle, n° 66.
(4) Denifle, n° 67.
(5) Le Nain de Tillemont, I, 539.
(6) Du Boulay, III, 133.

duite pendant les troubles. Cela est peu probable. Le légat avait
été envoyé en France pour combattre les Albigeois et veiller à l'ex-
termination de l'hérésie. Le traité de Paris du 11 avril 1229 vint
mettre fin à cette guerre ; le comte de Toulouse et ses sujets se sou-
mettaient à l'Eglise Romaine. La mission du légat était terminée.
Il était donc tout naturel, qu'après avoir réglé certains détails d'ad-
ministration et assuré la surveillance de la foi, le cardinal repassât
les Alpes le 29 décembre 1229. D'ailleurs l'habileté, avec laquelle il
s'était acquitté de sa mission, pouvait excuser aux yeux du pape ses
torts dans l'affaire de l'Université.

Il n'en fut pas de même pour Guillaume d'Auvergne. Malgré son
estime et son amitié pour lui, Grégoire IX lui adressa des critiques
sévères sur la conduite qu'il avait tenue vis-à-vis de l'Université.
Il pensait, lui disait-il, avoir trouvé en lui un homme selon son
cœur ; c'est avec joie qu'il avait répandu sur son front l'huile sainte ;
en le nommant évêque de Paris, il avait cru donner à la vigne du
Seigneur un excellent vigneron, *gloriari possemus vinee Domini Sabaoth
cultorem utilem perfecisse.* Quelle déception ! Loin de faire briller en
son diocèse l'éclat de la vertu des saints en cherchant à étouffer les
discordes, Guillaume a fait sortir de son lit « ce fleuve d'études » qui
arrosait et fécondait le paradis de l'Eglise. Quelle honte pour le pape
que de s'entendre dire : « Voilà l'homme que vous avez placé à la
tête de l'Eglise de Paris ; il n'a pas opposé de résistance à ceux qui
tentaient d'escalader par derrière la maison de Dieu, il n'a pas cherché à prendre les renards qui saccageaient la vigne du Seigneur » !
Qu'il considère les conséquences du différend entre le roi et la reine
d'une part, les maîtres et les écoliers de l'autre, différend qui a
déplacé le centre des études. Pourquoi ne s'est-il pas posé en média-
teur ? Le pape vient de confier ce rôle aux évêques du Mans et de
Senlis ainsi qu'au maître Jean, archidiacre de Châlons. Que l'évêque seconde donc les arbitres dans leur tâche, s'il ne veut pas être
puni de sa négligence malveillante (1).

Grégoire IX adressait en même temps une bulle collective aux
arbitres, que nous venons de citer, pour leur faire part du rôle qu'ils
allaient avoir à jouer dans le différend (2). Pour ramener le fleuve

(1) Denifle, n° 69.
(2) Denifle, n° 70.

de sciences au lit dont il est sorti, ils devaient faire donner satisfaction aux maîtres et aux étudiants. Une troisième bulle, datée comme les précédentes du 20 novembre 1229, indiquait au roi et à la régente, sa mère, le nom des personnalités choisies pour régler le différend. Le pape comparait la France à la Sainte Trinité dont elle possède les trois vertus : la puissance, la sagesse, la bonté. Elle est puissante par ses soldats, sage par ses clercs, bonne par elle-même. Mais la puissance et la bonté, sans l'appui de la sagesse, ne sont rien : l'une devient arrogance, l'autre faiblesse. Ce sont les lettres qui nourrissent la sagesse, donc il est de l'intérêt du roi de ramener les études à Paris comme un fleuve à sa source et d'accepter la décision des commissaires choisis (1).

Tout en conseillant au roi et à l'évêque de donner satisfaction à l'Université, Grégoire IX médite à Rome un plan de réformes qu'il mettra à exécution dès que la corporation sera de retour. Il y travaille avec Guillaume d'Auxerre. Comme il désire, en pareille matière, connaître l'avis des intéressés, le 10 mai 1230 il demande aux maîtres et aux étudiants, qui demeurent tant à Paris qu'à Angers, de déléguer à Rome quelques-uns d'entre eux avec la copie de leurs privilèges. « Lui qui a tant à cœur l'honneur de Paris ne peut ni ne doit souffrir la détresse où se trouvent les études. Il cherche à les améliorer pour les sauver de leur perte, mais il ne peut décréter des réformes sans le concours de ceux qu'elles touchent directement (2) ». Dans ce but il ordonne même à Guillaume d'Auvergne et à Philippe de Grève de venir en cour de Rome. On ne sait point ce que fit le chancelier. Mais il est certain que l'évêque n'y alla pas. Il y a des actes qui attestent sa présence dans son diocèse ou en Bretagne pendant les années 1230 et 1231 (3).

Enfin après deux ans de pourparlers, la paix se fit dans les trois premiers mois de l'année 1231. puisque la bulle *Parens scientiarum* est du 13 avril et que l'Université avait repris ses cours quelque temps auparavant. Sur les instances du pape, Saint Louis avait reçu maîtres et écoliers avec beaucoup de bonté. Il leur fit faire une prompte réparation des torts qu'ils avaient subis et donna les ordres

(1) Denifle, n° 71.
2) Denifle, n° 75.
(3) Valois, 59.

nécessaires pour obliger les bourgeois à laisser les écoliers vivre en paix et en sûreté (1). Il est probable que l'Université fut astreinte elle aussi à quelque satisfaction, puisque en somme elle était la cause première du désordre.

Ce retour des maîtres et des étudiants satisfit tous ceux qui leur portaient intérêt. Les chroniqueurs, dans leur enthousiasme, félicitent hautement le roi de cette composition. « Quant li roys, dit Guillaume de Nangis, vit que lestude des lettres et de philosofie cessoit parmi Paris, par quoi li tresor de sens et de sapience est aquis, qui vaut et suermonte tous autres tresors, sestoit ainsi partis de Paris, qui estoit venu de Grece a Romme et de Roume en France avec le titre de chevalerie ; si se doùta mout et ot paour grant li roys dous et debonnaires, que si grans et si riches tresors ne se eslongat de son royaume, pource que richesses de salut sont plaines de sens et de savoir, et pource que il ne le peut estre dit ne reprouchie de Nostre-Seigneur : Pour ce que tu as gete et esloinge science de ton royaume, saches que je te eslongere de moy ; ne demoura mie grammcnt après que il manda les clercs et les bourgois, et fit tant que li bourgois amenderent aus clers ce qu'il leur avoient mefait. Et pour ce especialement le fit li roys ; foy, sapience et chevalerie sont, par la provision et par la grace de Dieu, plus habundamment en nostre royaume quen ces autres (2) ». — Le moine anonyme de Saint-Denis parle avec éloge de ce rappel de l'Université. « Le roi, dit-il, est un nouveau Salomon pour qui les richesses ne sont rien en comparaison de la science, *more Salomonis in comparatione scientie dicens divitias nihil esse* (3).

Peu de temps après le retour de l'Université, Grégoire IX publia sa bulle de réformation qui confirmait une fois de plus et précisait les privilèges de l'Université. Il a pensé, disait-il, qu'en pareille circonstance il valait mieux apaiser les esprits par des concessions que par des sentences de justice. Aussi a-t-il décidé ce qui suit. Viennent les modifications, indiquées plus haut, de la licence ainsi que divers règlements pour les leçons, les discussions, les

(1) Le Nain de Tillemont, II, 95-96.
(2) *Historiens de la France*, XX, 319.
(3) *Historiens de la France*, XX, 47.

funérailles. Il fixe la taxe des logements (1), si l'on refuse dans les quinze jours de faire droit aux réclamations de l'Université, il l'autorise à suspendre ses cours jusqu'à ce que satisfaction ait été donnée. Qu'elle agisse de même, si l'un de ses membres est jeté en prison à l'improviste. Que l'évêque de Paris châtie les coupables pour sauvegarder l'honneur des étudiants. Que les innocents ne payent point pour les coupables ; si l'on soupçonne quelqu'un, qu'on le surveille sans l'arrêter. Si une faute doit être punie de prison, que l'évêque y retienne le coupable puisque le chancelier ne doit pas avoir de cachot. Défense de mettre la main sur un écolier pour dettes ; défense à l'évêque, à l'official ou au chancelier de réclamer une somme d'argent en échange de l'excommunication ou de quelque autre censure ecclésiastique. Défense aux écoliers de se promener en armes à travers la ville, défense à l'Université de protéger les perturbateurs de l'ordre. Défense à ceux qui se disent étudiants sans l'être de jouir des privilèges de ces derniers. Puis le pape se préoccupe de l'héritage (2) des écoliers qui meurent *ab intestat*. Il charge l'évêque assisté d'un professeur, de mettre en lieu sûr, aussitôt le décès, la fortune du défunt, puis de faire connaître la mort aux héritiers. Si ceux-ci ne se présentent pas dans un délai fixé pour réclamer l'argent qui leur revient, l'évêque est autorisé à l'employer au soulagement de l'âme du défunt. Maintenant, disait le pape en concluant, que le roi de France va renouveler les privilèges de l'Université et que les coupables ont fait réparation, les maîtres et les étudiants doivent reprendre immédiatement le cours de leurs études à Paris. Quant à ceux qui tarderaient à rentrer ou qui se feraient remarquer par leur irrégularité, ils se verraient infliger une note de blâme. Suit la for-

(1) Grégoire IX se préoccupa toujours de la taxe des loyers. Il revient sur cette question dans la bulle du 14 avril 1231 (Denifle, n° 89). Il réclame que cette taxe soit réglée de concert par deux maîtres et deux bourgeois de Paris. En 1237 (Denifle, n° 114) la question revient à l'ordre du jour ; quelques religieux et clercs laïcs refusaient de louer aux étudiants au prix fixé par la taxe, d'où scandale dans la ville. Grégoire s'éleva vigoureusement contre de pareils procédés venant de la part de religieux et de clercs. Il ordonna de taxer aussitôt les maisons de ceux-ci et de punir les récalcitrants par la censure ecclésiastique.

(2) Il est probable qu'avant 1231, la fortune des étudiants qui mouraient dans de pareilles conditions était promptement gaspillée par leur domestiques ou leurs camarades qui se la partageaient.

mule qui termine ordinairement les bulles de ce genre : Défense à
qui que ce soit d'oser enfreindre l'un des décrets de cette ordonnance, sous peine d'encourir la colère du Dieu tout puissant, etc, (1).
Le pape adressa la même bulle au doyen et au chapitre de Paris (2).
Le 14 avril il écrivait au roi pour le prier de se montrer favorable
aux réformes qu'il a édictées Qu'il suive l'exemple de ses ancêtres,
qu'il remette en vigueur et qu'il fasse observer les privilèges éta-
blis par le roi Philippe-Auguste (3). On ne s'explique pas pourquoi
le pape demandait au roi de renouveler la charte de 1200 puisqu'elle avait été confirmée de nouveau en août 1229. Peut-être n'a-
vait il pas eu connaissance de cette formalité. En tout cas cette nouvelle demande resta lettre morte et les privilèges ne furent pas
renouvelés en 1231.

Le pape, après avoir réconcilié le roi et l'Université, chercha à
mettre désormais les maîtres et les étudiants à l'abri de toute vio-
lence de la part du peuple comme de tout acte arbitraire de la part
de l'évèque et du chancelier. Dès le 13 avril 1231 (4), il avait écrit
à Eude, abbé de Saint-Germain, pour le prier, en vue de la sécurité
des étudiants, d'astreindre ses gens aux mêmes obligations que les
Parisiens. Le 18 (5) une semblable recommandation est faite à
l'archevêque de Reims, à l'évèque d'Amiens, à Hugues de Bourgo-
gne afin de mettre les écoliers à l'abri des perturbateurs. Guillaume
d'Auvergne (6), d'après une bulle du 24, devait obliger les gens de
son bénéfice à observer, à l'égard des étudiants, les mêmes pres-
criptions que les bourgeois de Paris. Il n'en tint sans doute aucun
compte puisque le pape renouvelait le 6 mai la même injonction (7).
Il rappelait également à l'abbé de Saint-Germain les ordres donnés
le 13 avril (8). A l'abbé de Saint-Marcel il adressait des instructions
identiques (9). Il veilla avec soin à ce qu'elles fussent ponctuelle-
ment observées, puisque le 12 juin 1237 il les rappelait encore à l'ar-

(1) Denifle, n° 79.
(2) Denifle, n° 80.
(3) Denifle, n° 82.
(4) Denifle, n° 84.
(5) Denifle, n° 85.
(6) Denifle, n° 88.
(7) Denifle, n° 93.
(8) Denifle, n° 92.
(9) Denifle, n° 94.

chevêque de Reims ainsi qu'à l'évêque et au doyen d'Amiens (1).

Les maîtres et les étudiants n'avaient pas eu seulement à souffrir des violences du peuple, ils avaient encore été excommuniés par le légat et l'évêque. Aussi le pape décréta-t-il, le 10 mai 1231, que pendant sept ans personne n'aurait le droit de prononcer contre l'Université des maîtres et des écoliers, des recteurs et de leur procureur, la sentence d'excommunication : *ut nullus in universitatem magistrorum vel scolarium seu rectorum vel procuratorem eorum aut quemquam alium pro facto vel occasione Universitatis excommunicationis, suspensionis vel interdicti sententias audeat promulgare absque sedis apostolice licentia speciali, et si fuerit promulgata, ipso jure sit irrita et inanis. Presentibus litteris post septennium minime valituris* (2). Le 12 juin 1237 (3), Grégoire renouvela le privilège pour le même laps de temps ; la teneur de la bulle est exactement semblable à celle de 1231.

Entre temps, Grégoire rapportait les sentences d'excommunication lancées par le légat et l'évêque ainsi que le décret du concile de Sens visant les maîtres et étudiants réfugiés à Angers. Par la bulle du 5 mai 1231 (4), il priait le doyen de Soissons et le maître Simon des Vignes de laisser les professeurs ès-arts et de philosophie, — qui ont enseigné à Angers et à Orléans, mais qui ont obtenu leur grade à Paris avant la dispersion, — reprendre librement leurs cours dans la capitale Ils devaient en outre annuler les sentences d'excommunication portées en général contre les étudiants pendant le temps des troubles. Ils avaient ordre également de rapporter le décret du concile de Sens qui privait de leurs bénéfices les universitaires réfugiés à Angers. Pour donner pleine satisfaction à la corporation, Grégoire poursuivit ceux qui avaient fait appel à la police contre les étudiants. Le 18 avril 1231 (5), il manda aux maîtres Warnace de Trévise et Simon d'Authie de rechercher avec soin la vérité sur la part honteuse que le doyen et les gens de Saint-Marcel auraient prix au meurtre des écoliers. Comme à Rome on les accusait d'avoir répandu du sang (6), il voulait à tout prix éclaircir l'affaire, afin qu'en connaissance de cause il pût agir selon Dieu.

(1) Denifle, n° 112.
(2) Denifle, n° 95.
(3) Denifle, n° 113.
(4) Denifle, n° 89.
(5) Denifle, n° 84.
(6) Noël Valois, 50.

CONCLUSION

Nous avons achevé l'exposé des faits qui intéressent l'histoire de l'Université de Paris de 1224 à 1244. Le pape y joue le premier rôle C'est lui qui surveille et dirige les études, qui encourage les maîtres à défendre l'orthodoxie, qui octroie des privilèges. Il est l'arbitre suprême à qui les professeurs et les étudiants ne manquent pas de recourir dans les moments difficiles.

C'est un protecteur dévoué non seulement pour l'Université, mais encore pour chacun des membres de cette Université qui le trouvent toujours prêt à écouter leurs doléances comme à défendre leurs intérêts. Il prend sous sa protection (1), tout en prescrivant une enquête, le maître Pierre, archidiacre d'Amiens, excommunié par le doyen et le chapitre de cette ville pendant que, pour réclamer une médiation, l'universitaire se rendait auprès du Saint Siège. Une autre fois Philippe de Grève installait l'abbé de Saint-Prix à Saint-Quentin, quand il est violemment attaqué par le sénéchal de Vermandois qui se jette sur lui par deux fois et déchire ses vêtements. Néanmoins le sénéchal est déclaré innocent et acquitté. Là dessus le pape adresse deux bulles (2), l'une au roi, l'autre à l'évêque de Noyon La première proteste contre l'attentat et réclame un châtiment exemplaire, la seconde déclare excommuniés le coupable et ses complices « jusqu'à ce qu'ils aient satisfait à Dieu, au pape, à l'église, à la victime » en venant implorer leur pardon à Rome. L'abbé, qui s'est laissé installer par le sénéchal excommunié, sera déposé et les quatre moines les plus âgés, après avoir été relevés de leurs fonctions, viendront à Rome pour recevoir leur châtiment.

(1) Denifle, n° 119.
(2) Denifle, n° 96, 97.

En 1238, un comte de Nevers intentait un procès injuste au maître
Etienne. A cette nouvelle, le pape ordonne au doyen de Sens d'arrêter la procédure, ou bien de citer devant lui l'une et l'autre partie (1).

Nous avons vu qu'à propos des taxes de loyer et des héritages
Grégoire IX se préoccupait même des intérêts matériels de la corporation.

Par suite il se croyait autorisé à lui rappeler ses obligations,
quand par hasard elle les avait oubliées. C'est ainsi qu'en 1237 (2)
il faisait souvenir aux étudiants qu'ils avaient une dette à payer.
Jean de Gualfrède, citoyen de Rome et de Florence, avait prêté
autrefois une certaine somme d'argent au procureur des étudiants
près du Saint Siège. Une partie lui fut remboursée. Le maître
Guillaume, archidiacre de Beauvais, s'était engagé, en présence
du cardinal Barthélémi, à solder l'autre moitié. Mais le terme est
venu et la dette n'a point été éteinte. Le pape engage les étudiants
à l'acquitter le plus tôt possible, sans quoi il les y contraindra par la
censure ecclésiastique.

Le pape est donc bien le maître de l'Université de Paris, maître à
la main ferme et douce qui inspire confiance parce qu'il sait se montrer conciliant. Aussi n'est-Il pas de meilleure conclusion à notre
étude que celle-ci « Ce n'est pas le roi de France, ce n'est pas l'évêque de Paris, c'est le pape qui règne sur l'Université » (3).

(1) Denifle, n° 120.
(2) Denifle, n° 116.
(3) Luchaire, déjà cité. *L'Univ. de Paris sous Phil. Auguste.*

FIN

Documents manquants (pages, cahiers...)
NF Z 43-120-13